☺ "幸福密码"丛书

刘英 | 著

芬兰：教育强国强民

南方日报出版社
NANFANG DAILY PRESS
中国·广州

图书在版编目（CIP）数据

芬兰：教育强国强民 / 刘英著. -- 广州 : 南方日报出版社,2011.7（幸福密码丛书）

ISBN 978-7-5491-0225-9

Ⅰ. ①芬… Ⅱ. ①刘… Ⅲ. ①教育事业－概况－芬兰Ⅳ. ①G553.1

中国版本图书馆CIP数据核字(2011)第142420号

芬兰：教育强国强民 刘英 著

出版发行：南方日报出版社

地　　址：广州市广州大道中 289 号

电　　话：（020）83000502

经　　销：全国新华书店

印　　刷：广东信源彩色印务有限公司

开　　本：889mm×1194mm　1/16

印　　张：12.75

字　　数：143 千字

版　　次：2011 年 7 月第 1 版

印　　次：2011 年 7 月第 1 次印刷

定　　价：28.00 元

投稿热线：（020）83000503　读者热线：（020）83000502

网址：http://nf.nfdaily.cn/press/

“幸福密码”丛书总序

◎林　洪

大约在10年前，也就是2001年吧，我与长者兼朋友钟永豪先生在海聊忆旧时，不知怎么地就打开了快乐与幸福的话匣。两位同道中人在切磋和思想碰撞中自然而然地将幸福上升到学理的层面来讨论，因此就有了我发表国民幸福指标体系设计的论文，提出“国民幸福指数”概念和算法，在各类论坛抒发对幸福孔见的学人之举。对此，不敢妄称“成就”二字，倒也先人一步。

然则，幸福是普罗大众亘古不变的追求，是永远都让人津津乐道的平民话题，而将其束于学术殿堂、悬在象牙之塔有曲高之嫌。学术与文化、学人与文人本就相通，犹在对幸福的解码与诠释上。故而此套“幸福密码”丛书出版，可谓雅俗共赏，应势而发，可飨读者。

“密码”在中文里是“口令”（password）的通称，其本意是一种用来混淆的技术，将正常的可识别的信息转变为无法识别的信息。显然，这套丛书的命名取其之反，将幸福这个内蕴丰富、信息聚类有一定难度的范畴进行剖析、解读，实际上是一次比较系统地“破译”幸福的尝试和探讨。

“幸福密码”丛书包括《北欧：这里没有穷人》、《芬兰：教育强国强民》、《不丹：GNH创造乐土》、《新加坡：人民后顾无忧》四个单本。直白的语言和醒目的主题意味着，这套丛书在幸福解码的道路上，擎着的是通俗性、大众化的旗帜。作为研究幸福问题的技术派学人，舞文弄墨虽非我所长，但仍愿为此丛书管窥密码、解读幸福。

解码一：以福利之钥开幸福之门

北欧人以“没有穷人的天堂”来看待他们的幸福，他们生活在带有明显的“劫富济贫”色彩的福利国家，有着“从摇篮到坟墓”的无所不包的社会保障体系：在瑞典，国民即使身处困境也能感到平安，面对任何危机都能保持幸福的心态；丹麦的“叶尔特法则”保证任何人不得自称比别人好、聪明或者富有，它使国民老有所终、壮有所用、幼有所长；挪威借助社会福利和国民素质，用内心道德律及与自然的高度和谐来追求内心的幸福；冰岛的福利制度解决了国民的后顾之忧，使其有责任感和归宿感，使其发现快乐、享受幸福。

解码二：以四大支柱撑幸福之厦

可持续、均衡的社会经济发展，环境保护，文化保护与促进，政府善治，是山鹰之国不丹支撑幸福的四大支柱。上世纪70年代，不丹国民生活贫困，文盲率居高不下，几乎没有像样的现代化基础设施。不丹国王旺楚克1972年推行“全民幸福计划”和“国民幸福总值”（GNH)概念，创建了举世瞩目的“不丹模式”。“不丹模式”的幸福密码来源于打破以GDP为唯一导向的发展模式，走以大众幸福为导向的可持续、均衡的社会经济发展模式，不仅创造了高速的经济增长奇迹，而且使自然资源得到了有效的保护，同时促进和保护传统的文化，使人们的心灵得到净化，并且让人民学会管理国家，权力充分下放到基层，最终实现经济发展和国民幸福的双重目标。

解码三：以教育强国为幸福之本

芬兰的高福利和全球竞争力都源于其完善的教育，它将幸福理念落实到教育的每一个阶段。在芬兰，幸福教育从幼儿时期就已经启程，它坚持让每一个人都上一样的学，享受平等教育资源，坚持通才教育，让人人能够全面发展，坚持人性化教育，培养学生个性自由发展和关爱精神。芬兰以轻松的高考方式让学生感受到幸福，以完善的职业高中教育培养学生的职业技能。芬兰以随时随地、想学就学的理念建立了自由的成人教育体系，培养全民终身学习的观念。正是如此尊师重教的教育体系培养了芬兰人的种种优秀品格，铸就了国民幸福之本。

解码四：以完善国策开拓幸福永续之路

一系列完善的国策保证了新加坡国民永无后顾之忧和享受持续不断的幸福：公共组屋体系让国人不用做“房奴”；医疗保障体系让国人不用担心因病致贫；养老服务体系让国人不用养儿防老；教育体系让国人可以享受到同样的教育资源而不用购买学区房；就业保障和社会救助体系让该国的穷人也可以有尊严地享受幸福……新加坡的国策保证了国家社会福利的可持续性，使得新加坡人不用担心幸福就此终结，可以源源不断地享受国家给自己带来的福利。

如此解读“幸福密码”，只可算窥巨豹之一斑。他山之石，欲得其全貌者，揽此套丛书细读，正如大快朵颐之幸事，这本身就是一种幸福。寥寥寂寂之言，是以为序。

2011年7月11日于广州石牌

（作者系广东商学院统计学教授，经济学博士，中国大陆最早提出“国民幸福指标体系”、“国民幸福指数”概念的学者）

目录

第四章　人人都是全才（义务教育之二）

第五章　教育人性化（义务教育之三）

第一章 教育引领幸福

一、生为芬兰人，就像中彩票

2010年，美国《新闻周刊》历时数月调查，在请教了包括诺贝尔奖获得者在内的多位学者后，推出了全球100个国家的“幸福排行榜”。榜单对各国在教育、健康、生活质量、经济竞争力和政治环境等五个方面的综合幸福感进行打分排名。结果芬兰以89.4分名列第一。芬兰人成为全球最幸福的国民。于是有人幽默地说，如果你生为芬兰人，简直就跟中了彩票一样幸运。

二、诗意的国度

在许多中国人的印象中，芬兰是遥远而陌生的国度，但其实际距离比印象中近得多。芬兰与中国之间只隔着俄罗斯，芬兰首都赫尔辛基是离北京最近的欧洲城市。乘坐芬兰航空公司的航班只需8小时左右就能从北京飞抵赫尔辛基。

芬兰位于欧洲北部，全国有1/4的地区处于北极圈以内，是最靠近极地的北欧国家。全国总人口为520多万。2008年，芬兰的GDP总量为2876亿美元，居世界第35位。人均GDP约为55307美元。

芬兰是世界上著名的“森林王国”之一，全国有69%的面积被森林覆盖，被誉为“绿色金库”和“欧洲绿色之肺”。

芬兰的海岸线非常曲折，长达1100多公里，占国界线的1/3。整个芬兰境内，任何地方距离大海都不超过300公里。沿海岛屿星罗棋布，约有大小岛屿19.9万个。而且芬兰有18.7888万个湖泊，素有“千湖之国”的美称。芬兰整个国土面积中约有10%是水域覆盖的地带。

森林、岛屿、湖泊、大海，这些都是诗意栖居、美好生活的重要元素。再加上芬兰人非常注重环保，空气也非常清新宜人。这实在是一个适宜居住的国家。芬兰优美的自然环境给中国留学生留下了深刻的印象。很多人回到中国后，脑海中依然长久萦绕着那儿森林散发的恬静与芬芳。

不得不说，芬兰这个中文翻译非常到位地展现了芬兰的自然环境。因为“芬兰”既可以被解读为一朵清丽秀美、散发着芬芳的兰花，又可以被解读为一个融芬芳与蔚蓝于一体的美丽国家。

三、高福利：“从摇篮到坟墓”

芬兰人凭什么最幸福呢？完善的社会福利制度常被认为是芬兰人幸福的理由。作为一个典型的北欧福利国家，芬兰的社会福利保障体制非常完善。新生儿从出生直到年满16岁，每月可领取儿童补贴；所有公民享受医疗保险待调，国家对药品实行补贴；残疾人也受到很好的照顾，年满16岁的残疾人可以享受抚恤金和家庭服务；年满65岁的公民都可领取养老金，没有退休金收入的老人可领取国家提供的最低养老金——国民养老金；社会福利部门向在家中安享晚年的老人提供各种上门家庭服务和卫生保健服务。这种“从摇篮到坟墓”的福利保障体制不仅为所有公民提供了基本生活保障，也营造了和谐稳定的社会环境。

四、轻松制胜：领跑全球竞争力

芬兰是一个高福利国家，同时也是一个具有高度经济竞争力的国家。进入21世纪以来，在世界经济论坛每年所作的全球经济竞争力的排名中，芬兰一直名列前茅，甚至有4次居第一位，成为最具有经济竞争力的国家。

2000～2010年芬兰在全球经济竞争力中的排名

2000～2001	2001～2002	2002～2003	2003～2004	2004～2005	2005～2006	2006～2007	2007～2008	2008～2009	2009～2010
1	2	2	1	1	1	2	6	6	6

从自然禀赋上来说，芬兰并不具有优势。芬兰虽然自然环境非常优美，可并不是一个资源丰富的国家。除了林业资源和渔业资源外，现代经济发展中非常关键的煤和石油都奇缺。芬兰同时也是一个人口小国。520多万的人口仅仅是广州市常住人口的一半。小小的芬兰能够将经济学理论中被认为不能并存的高福利国家与高度的经济竞争力融为一体，秘诀在哪里？

芬兰的竞争力不是来自国民的苦干。实际上，芬兰人非常闲适，甚至给人以懒散的感觉。他们休假的时间很长，每年可以享有六周的带薪假期。芬兰几乎不存在加班现象，一到下班时间或休假期间，办公室都见不到人。如果公司有紧急情况，在休假期间付双倍工资也请不到人干活。

五、教育引领幸福

可以说，正是芬兰的教育，让芬兰人能够持久地享受幸福。因为教育不仅让芬兰这个国家充满活力和创造性，而且成为芬兰国家竞争力和人民幸福生活的源泉。

在芬兰，有一句名言就是：教育是芬兰的国际竞争力。

作为一个资源匮乏的小国，芬兰早在1960年代初时确立了“教育兴国”的目标。芬兰认为要在全球化的国际经济竞争中找到自己的位置，就必须依靠教育，并对教育进行改革。

二战后，芬兰在努力对苏联进行战争赔偿的同时，加快了工业化进程。芬兰的经济主导本是传统木材加工业。战后，金属工业成为经济发展最强劲的动力来源。当时与苏联的贸易占据了芬兰外贸的主要部分，但是芬兰的政策制定者和立法者认识到芬兰的经济增长需要通过和西方富裕国家做生意来扩展对外贸易。1961年，芬兰加入了欧洲自由贸易协会（EFTA），这在给芬兰带来新的市场机遇的同时，也迎来了更多新的商业竞争对手。加入欧洲自由贸易协会给了芬兰一个很清晰的信息，那就是，要保持竞争力，芬兰必须大力提升教育和科研水平。

自1960年代开始，芬兰对教育体系和制度进行了大刀阔斧的改革。这一过程一直持续到21世纪初。芬兰通过几十年的教育体制改革，教育取得了非常显著的成效。芬兰目前高水准的教育不仅提升了国家的竞争力、促进了经济发展，也为芬兰福利国家的持续性提供了坚实的保障。也正是在21世纪初芬兰的教育开始受到世界各国的关注，成为一个吸引无数人前来取经的教育圣地。

（一）幸福教育的圣地

芬兰教育被世界所瞩目始于2001年末。而之前芬兰的教育水平，一般被认为仅和发达国家的平均水平相当而已，并没有任何过人之处。这个转折点源于经济合作发展组织（OECD）在2000年开始实行的国际学生评估项目（Programme for International Students Assessment，PISA）。这个评估项目主要由经济合作发展组织的会员国参与，另外也有一些非会员国参与。该项目评估各国15岁的学生在阅读、数学和科学方面的水平。经济合作发展组织在2001年12月初首次公布了该项评估的结果。其中芬兰学生获得了阅读第一、数学第四、科学第三的好成绩。而且芬兰参赛学生之间成绩的差异性最小。芬兰在PISA中所取得的成绩超越了作为传统教育强国的德国、瑞典、日本和美国。这在国际社会引起了很大的轰动。

人们纷纷在问：芬兰的教育发生了什么？他们为什么能够取得这样好的成绩？

芬兰在PISA中表现优异的消息不仅对国际社会，而且对于芬兰自己来说都是一个让人非常意外的消息。芬兰几乎还没有来得及好好消化这一殊荣，从2002年1月到2003年夏这一年半的时间里，芬兰政府迎接了超过100个来取经的海外官方教育考察团。正当海外芬兰教育考察团逐渐降温的时候，公布的2003年PISA结果再次将芬兰的教育推向了国际社会的舞台，成为全球教育瞩目的焦点。在经济合作发展组织2003年的评估中，增加了解决问题能力的评估。芬兰学生在阅读和科学方面都获得了第一名的成绩，在数学和解决问题能力方面均获得第二名的成绩。这一成绩远远超越了芬兰在 2000 年评估中的成绩。自此之后，各国官员、研究者和包括《华盛顿邮报》、《纽约时报》等名报的记者们开始络绎不绝地到芬兰进行教育“朝圣之旅”。他们纷纷希望找到芬兰教育点石成金的秘密。

虽然 PISA 的评估结果展示了芬兰优秀的基础教育成效，但是芬兰从 2001 年开始至今之所以一直成为美国、日本等教育强国学习的对象不完全是因为高质量的教育，而最根本的原因是芬兰能够将高质量的教育与幸福的教育融为一体。芬兰学生不但学得好，而且学得轻松幸福，这才是最让人羡慕的。

2010 年 12 月，OECD 公布了 2009 年的 PISA 评估结果，让所有人都非常意外。首次参加 PISA 的上海学生夺得了阅读、数学和科学三项第一的好成绩。然而，却几乎没有国家来考察和学习上海的教育。

上海的学生虽然首次参加 PISA 的成绩骄人，而上海却属于学生能力水平和焦虑水平均高的地区。2003 年 PISA 研究发现，竞争性较强的国家教育体制（如普遍使用入学考试来选拔学生）可能会使学生有较高的能力水平，但在竞争性较强的教育体制中（如中国香港、日本、韩国等），学生表现出的焦虑水平高于平均值，内部动机（对某学科的兴趣和喜爱）较低，对学校的归属感也较低，并对学校的教育持负面评价。

芬兰的教育之所以能够引起世人如此广泛的关注，是因为芬兰的教育让芬兰的人民，不管是育婴的母亲、幼小的孩子、成长中的少年和青年、教书育人的老师，还是工作中的成人以及退休后的长者都能够享受到教育带来的幸福。正是这种让全民幸福的教育，使芬兰人富有创新精神并具有高度的竞争力，从而具有保有持久幸福的高福利国家的经济基础。

（二）育婴无忧——幸福的母亲

芬兰妈妈，怀孕之后不但能够享受完全免费的产检，而且还会收到一个来自芬兰政府，内装婴儿四季衣物用品、图书玩具、婴儿营养品、育儿须知等，价值140欧元的大纸箱。芬兰妈妈在孩子出生之后，除了享受18周的产假，还可以继续享有另外26周的育婴假（如果妈妈不休这个假，可以由爸爸来休）。在产假和育婴假期间，芬兰妈妈都可以享受由政府提供的，相当于原来薪金66%的补贴。之后芬兰妈妈也可以将孩子送入政府或者私人组建的日托中心。这些日托中心均有政府的补贴，所以费用低廉。而且这个费用与家庭收入和人口数目相关，人均收入低的家庭甚至可以免费入读。如果芬兰妈妈不愿意将孩子送入日托中心，她可以继续向公司请假直到孩子满3岁。虽然这期间相当于薪资66%的育儿津贴没有了，但仍然可以从政府领取到428～680欧元的津贴。

（三）快乐游玩——幸福的幼儿

因为政府提供了足够的弹性让芬兰妈妈在家育儿，芬兰的幼儿能够有更多机会享受亲密美好的亲子关系。芬兰幼儿在3岁之前如果由妈妈在家带，虽然按照政策，他们不能再享受由政府补贴的日托中心的教育，但是孩子仍然可以免费到政府开办的玩乐设施齐全并有专人指导的游戏公园和开放式的日托中心中游玩。

1～6岁的幼儿能够入读有政府补贴、费用低廉的日托中心，6～7 岁的幼儿可能在学前班接受免费教育。在芬兰的幼儿教育中，不但有高素质的幼教和保育人员，更重要的是，孩子们在其中得到了尊重和以游戏为主的快乐童年。在幼儿教育中，芬兰强调要尊重孩子。为了能够真正地体现对孩子的尊重，幼教人员除了一视同仁外，绝不会体罚孩子，也不会当着大家的面批评或者羞辱孩子，相反要呵护孩子们的自尊并培养其对学习的兴趣。芬兰幼教强调根据幼儿的身心和认知特点，采用游玩为主的方式进行学习。老师通过游戏，让孩子们在轻松有趣的环境中学习数学、语言、道德、艺术、自然环境等等，注重培养孩子的创造性。

（四）人性教育——幸福的少年

芬兰学生从小学到初中，上学几乎不需任何费用。除了准备书包，学费、书本费、学习材料和学习工具完全免费。每天在学校的营养午餐也完全免费。

如果上学超过 5 公里，那么学生就有权获得免费交通。路途遥远或者路途危险的学生，还能乘坐由政府埋单的出租车甚至飞机上学。

学生可以选择芬兰语、瑞典语、萨米语、吉卜赛语和手语作为上课的语言。另外，政府还为母语不是这 5 种语言的学生提供每周两堂课的母语教学，即使只是非常小的语种。

学生一般在居住地就近上学。校际差距非常小，没有所谓重点校与一般校、重点班与一般班的区分。家长不会为择校烦恼。

特殊孩子也能够在普通学校接受平等教育。

芬兰少年学生一年上课 190 天，每天只上半天课。课后的作业至多也是半小时。学习相当轻松，是一种享受。

学校里面非常自由，没有统一的校服，也没有着装方面的规条。

老师和学生之间，学生与学生之间平等友爱。学生没有对老师的恐惧，同学之间也没有竞争的压力，差生也不会遭到老师和同学们的歧视，相反，学习跟不上还能得到老师的义务补习和同学的帮助。

学生没有升学的压力，学习也非常有趣。

在学校不但有机会学习几门外语，还可以学习做饭、洗衣服、织毛衣、制作音乐、跳舞、游泳等等有趣的课程。学校也配备设施齐全的手工房、烹饪房、木工房、车间房等等给学生实地演习。

（五）轻松高考——幸福的高中生

在芬兰，高中生上课不划分年级，以修学分的形式进行。除了传统的知识课程，还有攀岩、射箭、帆船、高山滑雪、跳舞、摄影、舞蹈、乐器、汽车修理、汽车驾驶、戏剧、体育、音乐、多媒体、图形艺术、数码等有趣的选修课程。高中期间还可以修读大学的课程。

学生可以选择在2～4年间完成高中课程然后参加高考。高考一年两次，选择性也多，其中唯一必考的是母语，其他三个科目是自选。学生可以从第二官方语言（芬兰语和瑞典语）、外语、数学、综合学科（包括社会科学和自然科学两个类别）中进行选择。学生参加考试的时候，可以选择只考一至两门科目，但是学生必须在连续三次的考试中考完一个科目。当然你也可以选择一次将所有的科目都考完。

对于那些通过入学考试的学生，如果想要提高自己的成绩，除了综合学科（可以重考两次）之外，每门课程还允许在以后连续三次的考试中重考一次。最终成绩会以考得比较好的成绩为准，之前的成绩不会被记录在册。

在芬兰的高考场上，可以边吃东西边考试，允许外来的人员参观和拍照。别的不参加高考的学生也照常在上课。

（六）跟着感觉走——幸福的职高生

芬兰初中毕业的学生都有资格入读普通高中和职业高中。入读职业高中的芬兰学生，完全根据个人的兴趣选择，还会得到家长和老师的鼓励。

他们在职高所享受到的职业教育是高质量的。职高学生还有出国学习的机会。

职高学生也可以在选修普通高中的课程之后参加大学的入学考试，而且即使不参加大学入学考试，也可以凭借职业高中的职业资格证书申请入读普通大学和综合性技术学院。

（七）学费低廉——幸福的成人教育

芬兰的成人教育非常发达，参加成人教育的人数也很多。目前，芬兰每年大约有100万成人主动参加成人职业教育培训课程，而参加成人通识学习的人数也超过100万。这个数字对于一个只有520多万人口的国家来说相当惊人。

芬兰的成人职业教育培训机构很多，除了成人职业教育中心之外，每一所大学都有成人职业继续教育中心供成人学习。

芬兰的成人通识继续教育主要由成人继续教育中心、暑期大学和开放大学提供。这些机构向所有人开放，不分学历和年龄。

另外，因为芬兰政府对成人教育有很多补贴，入读成人教育的学费低廉，一般人都可以轻松负担。

芬兰发达的成人教育，让芬兰人有很多机会再次提升自我，并养成终身学习的好习惯。

（八）图书馆无处不在——幸福的阅读时光

芬兰可以说是最喜欢阅读的国家，芬兰人也最会享受阅读的幸福。

芬兰人更幸福的是，芬兰政府为他们提供了很棒的图书馆服务。

在芬兰，一般在步行半个小时的距离之内都会有图书馆。在边远地区和海岛上，也有流动图书馆和海上图书馆提供定期的借阅服务。

芬兰人可以在自己家附近的图书馆借到全国所有公共图书馆的资料。在同一个市区，可以在一个图书馆借书，然后在离家最近的图书馆还；也可以预订较远的图书馆的书，然后在离家最近的图书馆去取书。

芬兰图书馆还专门为儿童设置图书馆网页和充满童趣的儿童阅读区，以鼓励和吸引孩子们阅读。

为了吸引更多的年轻人到图书馆，芬兰还设计了特别的音乐图书馆。在馆中，不但可以欣赏、借阅音乐 CD、影碟，还可以制作自己的音乐和进行表演。

（九）最崇高职业——幸福的教师

教师幸福，学生才能幸福。

芬兰的教师是幸福的。他们的幸福来自上课时间短，休闲活动多，教学自主性强，同时有很大成就感。据调查显示，芬兰 80%的教师对自己的工作感到满意，而中国则是有

82.2%的教师对工作感到压力很大。

芬兰的小学教师都需要具有硕士学位且获得高质量、严格的培养。他们被认为是兼具教师、辅导者和教育家于一体的专业人士。

芬兰中小学教师上课时间短，一年 190 天上课，每天上半天。在课后和假期中，都不存在教师为学生补课的现象。因此，芬兰的教师享有很多的休息时间。

在芬兰，教师有着崇高的社会地位。芬兰普通中小学教师受敬重的程度甚至超过国家元首和大学教授。

只要学生能达到芬兰国家教育委员会制定的核心课程教学大纲的要求，至于要教什么、怎么教、用什么教科书，则由教师自由选择。教师没有评定职称和考核的压力。学生、家长、学校和教育行政机构都完全信任教师。

第二章 幸福的幼儿教育

一、母亲幸福，孩子才幸福

母亲幸福，孩子才幸福。这是一个简单的道理。道理简单，做好却不容易。芬兰的母亲，从怀孕起，就开始享受到来自政府和各界的关怀。芬兰的孩子，从胎儿起，就随着母亲感受到幸福的气息。这是最自然的一种胎教。芬兰的幸福教育，就从这里启程。

（一）快乐育婴——幸福教育从这里启程

由美是一位日本女孩，几年前她嫁给了公司里面的一位腼腆帅气的芬兰男孩。之后她随丈夫调动到公司总部所在的芬兰首都赫尔辛基市工作，并在此定居。到芬兰后不久，她就怀孕了。怀孕之后，她定期到免费的儿童健康门诊做产前检查。让她惊讶的是，儿童健康门诊的护理人员还会到家里来访问。更让她惊讶的是，在怀孕5个多月时，她收到一个来自政府的“妈妈礼包”，内装婴儿四季衣物用品、图书玩具、婴儿营养品、育儿须知等的纸箱。大大的长方形纸箱还铺有被褥和毯子，正好可作为宝宝的第一个小暖箱。作为准妈妈的由美收到这份厚礼，即将为人母的“光荣感”油然而生。原来，芬兰从1941年就开始提供母亲基金，每一位准妈妈在怀孕满154天时，就会收到这样一个育婴箱。如果怀孕并非头一胎，已经领有箱子和其中的物品，可要求改领取等同价值的140欧元现金。这项津贴由中央政府支出。

孩子出生前的两周，由美开始休产假。按照芬兰的政策，妇女可以享有18周的产假。其间仍可领取原来薪资66%的津贴，产假可以从生产前5周开始休，几乎百分之百的妇女都乐意享受这项福利。孩子出生之后，由美的丈夫也休了 4 个星期的父亲产假。按照芬兰的政策，父亲在孩子出生后，可以享受 1～5 周的产假，同样是领取原来薪资 66%的津贴。全国约有 68.2%的新生儿的爸爸会申请享受这项权利。

当孩子四个月大的时候，由美的产假结束了。她有三个选项可供选择，真是相当幸福：一是自己继续休政府提供的 26 周的育婴假，在此期间，她所获得的津贴与产假津贴相同，相当于原来薪资的 66%；二是让孩子的爸爸休政府提供的这 26 周的育婴假来照顾孩子，同样，在这期间，爸爸可以获得政府所提供的相当于原来薪资 66%的津贴，以 2006 年为例，约有 5.6%的父亲申请这项津贴；三是把孩子送进日托中心。由美考虑良久后，选择了由自己继续休育婴假。

当育婴假休完之后，由美的孩子已经 11 个多月大了。与孩子相处时间长了，由美舍不得将孩子送到日托中心而去上班。加上她觉得孩子太小了，等到孩子 3 岁之后再上日托中心比较好。于是，她决定先放下工作，再继续向公司请假，将孩子带到 3 岁再说。虽然相当于薪资 66%的育儿津贴没有了，但是在孩子 3 岁之前，由美仍然可以向政府领取在家照顾假和 428～680 欧元的津贴。这其中包括政府支付给每名 3 岁以下在家照顾的孩子 294 欧元津贴（如果多一个孩子在 3 岁以下再补贴 84 欧元，有任何其他在学龄前的孩子则为 50 欧元），以及赫尔辛基市政府再补助给每名幼儿每月 134～218 欧元的津贴，以及按照由美工作时收入的百分比所给的生活津贴，最高为每名幼儿每月 168 欧元。根据芬兰的法律，由美接受在家照顾假和津贴之后，在孩子 3 岁以前，就不能再享受日托中心的服务了。不过，由美根本不用担心孩子没有地方玩耍，因为芬兰许多地方都设有游戏公园和开放式的日托中心，从周一到周五免费提供给学步儿和学龄前幼儿使用。

由美在孩子 3 岁之后，将孩子送进了附近政府开办的日托中心。在由美请假照顾孩子的 3 年时间中，公司给她保留了职位，请了一位代理人员处理她的工作。这样，3 年后，由美可以选择在原公司重新开始上班。

芬兰妈妈由美既能够没有压力地享受育儿的乐趣，让孩子在良好的亲子关系中成长，又能够在孩子长大后顺利地回到原来的工作岗位。这对于一个母亲来说，可以在工作与照顾孩子之间游刃有余，还不用担心孩子的幼儿教育，实在是一件非常幸福的事，难怪芬兰妇女的生育率相对比较高。据统计，2010 年，芬兰妇女的生育率为 1.73 个，高于欧洲平均水平的 1.4 个。

（二）妈妈、部长两不误的“妈妈部长”

我把由美的故事告诉了朋友小平后，小平对芬兰支持妈妈们的保障措施非常羡慕。然而，让她难以相信的是由美竟然能够在经过了 3 年的育儿生活之后重新回到原来的岗位。难道公司不会觉得她在家带了这么久的孩子后已经与社会脱节了吗？难道公司不担心这样一个有幼儿在家的妈妈干不好工作吗？她质疑道。我用芬兰女政治家莱托玛琪（Paula Lehtomäki）的故事回应了她的疑虑。

生于 1972 年的莱托玛琪 2004 年被任命为芬兰外贸和发展部部长，她上任没多久就怀孕了，之后休了 8 个月的产假和育婴假。当时总理帮她找了一位代理部长，等她休完 8 个月的假后，再把这个部长职位还给她。莱托玛琪在休完假后，以外贸部长身份同时兼任芬兰的欧盟事务部长。她不仅要做好离开8个月期间的外贸事务，还要协调芬兰与欧盟之间的事务。在此期间，她筹办了好几场欧盟国家间的元首高峰会议，以及十几场欧盟与亚洲国家间的元首高峰会。她在自己的职位上干得非常出色。也没有人质疑这位刚休完8个月产假的妈妈部长。

2007年，在转任环保部部长期间，她又怀孕了。没有人认为怀孕的她不再适宜担任这个职位。她担任环保部部长的消息与她怀孕的消息同时宣布。刚上任不久，她又再度请了8个月的产假和育婴假，总理还是帮她找了一位只做8个月的代理部长。莱托玛琪的故事充分地体现了芬兰政府和社会对于母亲的关怀、支持、体谅和信任。生活在芬兰的母亲，实在是幸福的。

（三）母亲补贴是政治共识

今日让我们心生羡慕的芬兰妈妈们，其幸福无忧的状况也不是天上掉下来的大馅饼。曾于1982～1983年间担任芬兰社会福利部部长的范纳宁（Marjatta Vaananen）可以说是功不可没。1950年代时的范纳宁是一位有着3个年幼孩子的母亲。作为一名新闻记者的她很想留在家中照顾孩子，因为曾经有个心理学家告诉她，一个孩子要有健全的发展，孩子出生的头两年或三年，应该由一个有亲密关系纽带的人照顾。可是，因为那时芬兰政府对母亲养育孩子并没有补贴，为了维持家庭的需要，范纳宁不得不继续工作。而且当时雇佣私人保姆很不容易，范纳宁不得不把年幼的孩子放在托儿中心，可托儿中心的师资也不太稳定。范纳宁认为这样的环境对幼儿的发展不利。

她开始撰写和报道这样的社会安排对于母亲的不公平，

甚至把这个议题带到芬兰人口政策协会的董事会中，请求他们讨论。因为当时芬兰出生率急速下降，人口政策协会接受了这个提案。范纳宁还对中央党（那时仍叫农民党）提出建议要改善母亲养育孩子的状况。在中央党 1962 年的议程中，将补贴母亲的提议排入议事日程，并成立了专门负责家庭政策的工作小组，开始草拟法案。这个工作小组支持母亲在家里照顾孩子并给予相应的补贴，相关的国家委员会支持了这个提案，但是当时反对党不同意。

芬兰幼儿教育在 1960 年代第一次进入政治讨论的议题与当时的经济和社会状况紧密相关，这主要有两个方面的原因：首先，最重要的是，妇女开始大规模投入工作人流中，她们需要政府帮助来照顾自己的孩子；其次，农民党为寻求满足民众要求的社会平等的路径，主张将幼儿教育纳入到主要教育改革之中。

当中央党（此前的农民党）在 1976 年组织少数党政府时，政府允许试行对在家照顾孩子的母亲进行补贴的方案。这个议案来回争辩了许多年，尤其是两个大党的议员和政府官员。1986 年，终于解决了政治上的分歧，对母亲进行补贴的提案终于通过，它保证 3 岁以下幼儿的母亲在产假之后可以享受这个福利。到 1990 年，所有 3 岁以下幼儿的母亲都可以享受这个福利。至于为什么是 3 岁以下儿童的母亲才享有这个补贴，是因为儿童心理学家认为 3 岁以下的孩子会特别需要上托儿所来帮助他的身心发展。1990 年代初期是津贴最盛行的时候，有 15 万个家庭可以领这个津贴，后来的经济衰退使得领津贴的人数被减到 12 万（删 20%），到现在仍然没有回升到一开始的程度。在 2004 年，有 13.8 万个家庭享有这个福利。从 1997 年开始，将孩子送入私人日托中心也可以享受托育津贴。从 2001 年开始，对 6 岁幼儿一年的学前班费用实行完全免费。

芬兰幼儿和母亲福利的政策实施时间表

1984	实施支持幼儿福利的家庭政策（Family policy support child benefit system）
1990	3 岁以下幼儿，父母可选择送市立日托中心或领取育儿津贴在家自行照顾
1997	送入私立日托中心之父母可领托育津贴（private day-care allowance）
2001	开始对 6 岁幼儿全额补助（免费但未强迫就读）

二、幸福在起跑线

著名的儿童教育学家蒙特梭利认为，一个人生活最重要的时期并非在大学时代，而是在从出生到 6 岁这一阶段。因为这一时期，正是人的最宝贵的潜能、智能和心理能力的形成时期。

孩子童年不幸福，一生则难幸福。一个人童年如果拥有不愉快或痛苦的经历，即使他长大成人之后忘却了这些记忆，仍然会成为潜意识并影响到个人的心理状况，对他的幸福有所影响。

孩子要拥有幸福的童年，除了良好的家庭环境之外，还与孩子的学前早期保育与教育密切相关。年幼孩子的天性就是喜欢玩乐，而早期教育就应该根据孩子的天性以游戏有主。这就要求幼教机构不但提供孩子游玩的内容，还需要提供孩子游玩的场地。孩子在幼教机构中感到幸福，与老师的素质有很大关系。只有真正爱孩子，尊重孩子，而不是恐吓孩子的老师才能给孩子带来真正的学习乐趣。

我在香港生活过不短的时间，在我看来，香港的孩子很不幸福，因为他们从幼儿园开始就已经面临着很大的竞争压力。香港幼儿园之间水平差异很大。为了上好的幼儿园，有的家长孩子还未出生，就拿着肚子里面孩子的B超照片去名幼儿园报名了。名幼儿园报名的人多，竞争非常激烈，入学资格通过面试择优录取。为了在竞争中获胜，不少家长带孩子去参加面试培训班。而且面试当天，甚至不惜重金为孩子买名牌的衣服，犹如成人参加面试一样，只求给主考官留下一个好的印象。香港的幼儿园，由于场地租金很贵，一般都没有室外活动场所。而且学习的内容也具有小学化的倾向，只为在未来入读小学的竞争中再次获胜。

反观芬兰的幼儿教育，他们不仅有高素质的幼教人员，而且提供多样化的幼教和保育机构；他们非常注重和尊重孩子，建立孩子的自信，增强孩子的创造力；更重要的是，他们非常强调要根据孩子的身心特点，以游玩的方式来学习。孩子在这样的环境中成长，拥有幸福童年便有了保障。

（一）几乎所有6岁儿童接受免费学前教育

1973年前，芬兰将幼托机构称为幼儿园（Kindergarten）。其后公、私立幼托机构一律改称为日托中心（Day Care Centre）。芬兰义务教育的起始年龄为7岁，7岁以前是幼儿教育阶段。幼儿教育阶段再划分为0～6岁的日托中心教育和6～7岁的学前班（Preschool）教育。给芬兰7岁之前的孩子提供幼儿教育的机构主要有市立日托中心、私立日托中心和学前班。

在芬兰的幼儿教育机构中，政府所提供的占了绝大多数。据统计，2003年，芬兰全国共有40万7岁之前的学龄前儿童。这些儿童中有49.5%接受除家庭教育之外的幼儿机构的教育。其中46%是在市立日托中心接受教育。可以看出，市立日托中心是绝大部分芬兰孩子的选择。而6岁儿童则有96%接受了政府提供的免费的学前班教育。这个比例在各个国家来说是非常高的。①

（二）不交钱也可上日托中心

目前，中国的上园难、上园贵成了一个很普遍的问题。幼儿园的学费成了一项很大的负担。但是在芬兰，学前班是完全免费的。而6岁之前的日托中心，绝大部分由政府提供。市立日托中心，因为有政府的补贴，费用非常低廉。以赫尔辛基为例，费用最高不超过200欧元。这个费用对于芬兰这样的高收入国家基本不算是一个负担。低收入家庭也不担心会上不起日托中心，因为日托中心的费用与家庭收入和人口数目相关，人均收入低的家庭甚至可以免费入读，而且地方市政府还规定家长一年最多只要缴交11个月份的费用。家长每月将费用直接交给市政府，幼儿园不接受任何费用。

在芬兰，虽然大部分的孩子在市立日托中心接受教育，但仍有不少私立日托中心。如赫尔辛基就有4%的学龄前幼儿选择在私立幼儿园就读。由于政府对收费的限制（家长选择私立幼儿园的负担与公立幼儿园相同），以及对师生比例、工作人员训练的严格要求，营利很难成为私立幼儿园经营的

---

① Early Childhood Education and Care in Finland, Ministry of Social Affairs and Health, Helsiki, Finland 2004

主要动力。从1997年开始，芬兰政府会向选择私立日托中心的孩子提供津贴，使选择私立日托中心的孩子同样能够享受低廉的含有政府补贴的幼儿教育。

自2001年开始，中央政府规定，必须提供6岁幼儿每年700小时，每天4小时的免费课程，费用由各地方政府补助。因为学前班每天只有4小时的课程，地方政府还为家长提供幼儿下午托育的津贴。以赫尔辛基市政府为例，每名幼儿每月最多可以从政府获得120欧元下午托育的补助津贴，津贴多寡与父母收入成正比。

（三）家庭日托中心亦有政府保障

家庭式日托中心在最近几年有减少的趋势，但它仍然是很重要的一种幼儿托育方式，尤其是针对3岁以下以及乡村地区的幼儿。家庭式托育中心受各地方政府的监督，事实上大多数市立家庭式托育中心的教保人员是受雇于各地政府的，并且由政府提供职业训练。家庭式托育中心又分为一人保姆式、三个家庭式和团体家庭式。其运作模式如下：一位受过训练的居家教保人员，一次最多能照顾四个小孩，包括她自己的小孩，外加一名6～7岁幼儿或一名学龄儿童；三个家庭式托育中心可以照顾2～4个家庭的幼儿，但是幼儿数还是只能维持在四名学龄前幼儿，外加一名6～7岁幼儿或一名学龄儿童；在团体式家庭托育中心中，可以有2～3名教保人员，幼儿数可以达到10～12名。行动不便之特殊幼儿可以申请居家照顾，由市政府派请合格保育人员到家服务。

（四）师资资质与比例有严格监管

日托中心和学前班对于师资比例和师资的任职资格都有

严格的要求。日托中心要求每 7 名 3 岁以上幼儿，必须有一名受过训练的合格人员，每 4 名 3 岁以下幼儿则要有一位合格人员。这名合格人员可以是教师或护理人员。但是法律规定，日托中心每 3 位合格人员中就要有一名幼教师。学前班的师生比例为 1∶13，而且每个班级不能超过 20 人。当班级人数超过 13 人的时候，老师必须有一名至少具有大专学历教育文凭的助理帮忙。

对于日托中心和学前班老师的任职资格，教育部门也有严格的规定。日托中心的老师要求至少具有社会福利（social welfare）或健康护理（health care）专业的 3 年的职高文凭。1/3 的老师还必须具有高等学位（包括教育学学士、教育学硕士等）。学前班的老师则要求除了是教育学学士或教育学硕士之外，还必须修过关于教学方法的相关课程。

（五）游戏童年

芬兰教育当局于 2000 年公布学前班课程国家核心课程大纲，于 2003 年公布芬兰早期教育与保育国家课程纲要。对于幼儿教育的课程与教学，芬兰教育当局认为游戏是教学与学习的媒介，因此芬兰幼儿教育相当重视与强调自由游戏。芬兰学前班教育课程最大的任务在于支持幼儿的学习能力。幼儿早期教育与保育国家课程纲要则有两大主要目标：满足学龄前幼儿的托育需求，以及提供幼儿教育。

在芬兰，成长和学习被认为是一个终生的过程。幼儿教育则是为这个终身学习打基础。芬兰的幼儿教育目标是通过提升幼儿的自我形象、表达能力、交往能力、思考能力等来促进孩子的成长。这样，需要给孩子提供一个安全稳定、自由自在、能够高兴地和其他小朋友一起玩耍的环境。幼儿教育从业人员非常尊重孩子并着力维护孩子的自尊，以帮助孩子建立正面积极的自我形象。

芬兰日托中心教育的课程相当松散，以游玩为主。以赫尔辛基老城区的一所日托中心为例。这所日托中心收有1～6岁幼儿共43名，有3位教师和4位护理人员。其日作息时间表如下：7：00开始婴幼儿陆续入园，幼儿在室内自由活动，8：30供应早餐，9：00～10：00户外自由游戏，10：00～11：40分组操作活动，11：10由较小年龄的幼儿开始陆续进食午餐，中午休息至14：00左右，不休息的幼儿可以自由操作，诸如自行阅读、听故事、画画、玩玩具都可以。享用下午点心之后，根据天气幼儿可以选择室内或室外自由游戏，16：30开始家长陆续来接孩子回家，学校在17：30关闭。这是芬兰公私立幼儿园典型的一天，没有结构性的课程规划，没有教材和练习本，幼儿除了游戏之外还是游戏。日托中心强调幼儿在游戏中学习基本能力，例如生活自理、语言表达、社会互动、尊重、分享、自尊与自信、动作技能和认识世界。

学前班的教育目的除了促进孩子的成长之外，还希望能够做好入学的衔接。其背后的主要目的是给即将要入学的孩子提供一个统一平等的起点。以赫尔辛基市社会福利局所提供的数据为例，典型的学前班一天的流程如下：上午晨圈（morning circle）时间或称为团体讨论时间，说故事或音乐活动，不同领域的主题活动，户外游戏，午餐，自由游戏。

学前班的学习内容包括语言、算术、环境和自然知识、卫生知识以及艺术和文化等，主要目的是激发孩子们的学习兴趣。在近一半的学前班中，孩子们还有机会学习使用电脑。与此同时，还从培养孩子们的健康心理素质出发，对孩子们进行道德教育。针对儿童早期发育特点，学前班通常采取多种教学形式，除教师讲解和小组活动外，主要以游戏玩耍和运动锻炼为主，让孩子们在游戏和运动中学习、尝试和实践新事物。

整体而言，芬兰教育以“人”为出发点，真正落实以学习者为中心的教育哲学观。幼儿教育内容重视学习经验才是对幼儿具特殊意义的，而不是以成人的角度为幼儿决定学习内容。这样的幼儿教育，适性顺势轻松自在。孩子在游玩中拥有轻松的童年。

这种以游玩为主的幼儿教育，让孩子比英语国家的幼儿更为轻松。从中国移民到芬兰的思思妈妈对此很有体会。思思 3 岁多到芬兰。进入了芬兰市立的一家英文日托中心学习。虽然这个日托中心注重幼儿英语的学习，不过都是听说，读写一点都没有。语言的学习主要是在早晨 20 分钟的团体讨论时间，老师讲讲故事，看看那种认图的书，引入一些新词。思思在这个日托中心读了两年之后，英文已经很流利了。

（六）快乐中学习创造

虽然芬兰的幼儿教育强调以玩为主，可怎么玩也是大有讲究。老师注重从游玩中增强孩子的创造力和学习各种知识。这种游玩方式的学习，能够激发孩子学习的热情和动力，让孩子们觉得学习是一件愉快的事情。芬兰的幼儿教育如何培养孩子的创造性？2011 年 3 月 8 日，芬兰教育家吉姆（Jim Solatie）来到中国，带给我们一个很好的案例：

亲手制作奇妙的声音

这是一堂有趣的课。“小朋友们听一听，这是什么声音？”录音机里传来了海水发出的各种各样的声音，时而海浪拍岸，时而海水退去，有时轻缓有时激扬……变幻莫测的韵律引起了孩子们的兴趣，他们有的学着海水的声音，有的则在一个海浪猛烈地扑过来时，干脆跳了起来，可见他们正沉浸在自己的想象空间当中。

“来吧，让我们一起跟着海浪的节拍，甩动身体。”在吉姆老师的带领下，孩子们跳一跳，拍拍小手，拍拍桌子，拍拍小朋友的身体……大家好像都变成了海水，从教室这边跑到那边，快的，慢的，轻轻的，重重的……亲手制造起“海水的声音”。

生活在海里的生物，小朋友们基本上都能说出一两样：小鱼、海豚、珊瑚、珍珠……它们也会发出声音吗？它们的声音是什么样的？教室里再次热闹起来，每个孩子的答案是不一样的。老师拿出响板、小锣等多种乐器，让孩子敲一敲、打一打，表达自己脑子里想象的海洋动物的声音……

听完了声音，还要做声音。吉姆老师给孩子们准备了一些小道具，并且让他们用自己最喜欢的海洋动物来装饰音乐盒。音乐盒做好之后，吉姆老师让小朋友们摇一摇，这时，一位小朋友突然叫了起来：“咦！有声音。”这又是什么样的声音呢？小朋友纷纷迫不及待地要去考一考爸爸妈妈，自己亲手做的小盒子里是什么声音。

“在激发孩子创造力的过程中，并不要求他们给出正确的答案，而是需要他们开动脑筋，发挥想象力，能够自圆其说就可以了。”吉姆说道，“比如在关于海洋声音的那节课上，孩子们对海洋生物发出的声音认识各有不同，没必要去统一答案，有些事情随着孩子渐渐长大，会逐步弄明白的，而我们应该做的是保护孩子的创造力，并将它们激发出来。”

第三章

幸福就是大家上一样的学（义务教育之一）

一、无需择校

在芬兰，无论是在市区、郊区还是只有10多个学生的乡村学校，孩子们都会享受到设施和质量相同的教育。教育设施、教育质量标准也不会因学生数量少而减少和降低。据统计，芬兰最好的学校和最差的学校之间的教育差距仅为4%。

正是因为每个学校之间的差距都非常小，虽然芬兰政府不硬性规定要“就近入学”，但接受义务教育的学生一般是在家附近的学校上学，很少存在择校行为。政府也不会主动对学校进行排名，尽管有一些商业性电台发布学校之间的排名情况，但人们一般都不太关心，因为家长觉得有些小小的差距几乎可以忽略。在家长们的心中，学校机会都是一样的，离家最近的学校就是好学校。这对于儿童和家长来说都是一件非常幸福的事情。因为孩子在就近的学校上学，不但可以少去舟车劳顿之苦，还可以享受高质量的教育。家长也不需要为孩子选择学校而发愁。

二、不让一个孩子掉队

要给义务教育阶段的学生提供相同的高质量的教育机会，则需要义务教育学校之间在校舍、设备、老师和教学质量方面都大致相同，没有过大的差距。芬兰幅员辽阔，地区差别很大。要做到全国有一致的教学条件和教育水平，实在不是一件很容易的事情。芬兰用了很长的时间来实现这个目标。

1968年，该国议会就通过了“不让一个孩子掉队”法案，致力于实现“无论你在哪里，都可以接受到相同质量的教育”的目标。提供统一平等的综合学校的教育改革从最穷省到最富省逐步推进。因此，最初的改革是从经济条件最差的北部的拉普兰省开始的。

中央政府负责教育改革的财政责任，对省内的市政教育机构进行补贴。因为不同城市市政之间在财力和支付能力上有很大的差异，中央政府建立了一个10级补贴的标准。其中最穷的市政为第一级。根据不同的级别，中央政府将会补贴81％～90％的教师工资，84％～93％的学校交通和学生住宿费用，以及5％～77％的学校公用经费。中央政府非常高的补贴标准让地方政府很容易支付教育改革的成本。因为教师的工资占据了学校运作总成本的70％～80％，所以国家补贴81％～90％的教师工资实际上对地方非常有利。由于地方个人所得税的最低标准为15％，雇用教师将会给地方特别是贫穷的市政带来直接的财政收益，而且教育的进步也有利于地方经济的发展。这样，地方进行教育改革的积极性很高。通过10多年的改革，在1980年代初期，芬兰终于实现了所有的孩子都具有平等的受教育机会的权利。

因为各种原因，有的孩子不得不在医院待上较长时间。孩子生病时，怎样跟上学习的问题常令家长和孩子担心。可在芬兰，这不是问题。因为根据《基础教育法案》，如果地方政府所在地有医院的话，那么地方政府就有义务在考虑孩子的健康状况的情况下给医院的孩子安排教学。

三、教育面前人人平等

芬兰在2000年的国际学生评估项目调查中，为了检验学校和学生间的读写能力差异，从155所学校中抽取了4864名

15 岁的学生，目的就是验证影响阅读能力的背景因素，以及由这些因素造成的学校之间和学生之间阅读能力的差异程度。调查发现只有大约 6%的学生差异是由学校差异造成的，还有一些因素也会对学生的表现造成影响，但是这些因素都是无法逃脱或者说无法控制的，比如：性别、学生家庭的社会经济地位、父母的受教育程度、学校教学的语言以及学生的移民背景等。这些因素可以解释约三分之一的学校差异和五分之一的学生总体差异。在对背景因素进行控制以后，只有很少的学校低于或高于平均水平。芬兰的教育系统和综合学校已经成功地将学校差异控制得很小，同时也在为所有的人群和所有农村地区提供平等的受教育机会方面做得很成功。这得益于芬兰以平等导向的教育体制。

芬兰 1998 年颁布的《基础教育法案》(*Basic Education Act*）规定基础教育的目的有三：一是给儿童提供生活所需的基本知识和技能，使他们成长为人道的、有道德的社会成员；二是提升社会的文明和平等，提高学生进一步接受教育和在生活中发展自身的能力；三是在全国范围内实现教育的平等。从芬兰基础教育的目的可以看出，除了给儿童提供知识和技能，还希望通过基础教育来实现教育平等和社会平等。

平等的理念是芬兰社会政策的最重要目标。曾任芬兰国家教委会主任的阿侯（Erkki Aho）在接受台湾学者萧富元的采访时曾经提到："公平是芬兰教育的核心目标……这为什么重要？对人口大国来说，放弃一两百万人或许不会有什么损失；但是，只有 500 万人口的芬兰，必须好好照顾每一个小孩，一个都不能放弃。我们一开始就认定，接受好的教育是每个人的基本人权，即使是有身心障碍的小孩，都有权利进入主流教育。这是我们芬兰很强的社会意志，政治人物也有这样的认知。”体现在义务教育方面，则是要为每个儿童提供相同的接受高质量的教育机会，不管他们的经济地位、居住地和语言如何。

四、义务教育完全免费

在芬兰，义务教育阶段是完全免费的。不但不用交学费，而且教科书、学习材料和学习工具都是免费的。孩子上学的时候只需要准备一个书包就可以了。

义务教育学校除了完全不收取学费和其他费用外，学校还给每个儿童提供一顿有营养的免费午餐。这个免费的午餐高中学生也可以享有。免费的营养午餐是芬兰社会的一个创新。

芬兰为学生提供免费的午餐有着悠久的历史。早在17世纪，芬兰政府就认识到学校午餐对增进孩子学习能力的重要性。当时的孩子上学可以得到食物及其他物品上的补助。1896年，芬兰第一次进行了讨论学校午餐的小学会议。1913年，国家开始补助学童午餐。1930年，国家普及教育委员会还专门出版一本书来讨论小学生营养，宣称营养午餐绝对必要。1943年，芬兰成为第一个通过立法来保障每个孩子上学都有午餐可吃的国家，不过孩子们必须在课后帮助学校种菜和采摘。1948年，芬兰实现了为所有义务教育学童免费提供午餐的目标并一直持续到今天。目前每天约有90万个孩子在享受免费的营养午餐。

芬兰的营养午餐变化多而且营养均衡，目的是为孩子们提供健康和有益于身心的饮食。除了健康的要求之外，午餐还是美味和多元的。比如说，如果有不吃猪肉的穆斯林学生，学校则会给他提供别的食物，充分尊重不同宗教信仰学生的饮食习惯。另外，学校还要注意用餐环境的清洁与舒适，给学生一个安静、和平和不匆忙的进餐环境。

营养午餐的菜单是老师、家长和学生一起研发出来的。通常是芬兰的基本食物：热食、沙拉、新鲜蔬果、面包、牛油和饮料。偶尔还会举办食物主题日，给学生提供传统的节日大餐或不同国家的食物或习俗以增加变化。

此外，芬兰的高中生还可以享受免费的健康护理和牙齿保健服务，以及学校社会工作者和心理学家提供的服务。学生自己只需支付部分选修课本及其他学习资料和高中毕业前所举行的全国会考的报名费用。另外，如果学生从家到学校超过10公里或者途中的费用超过了一定范围，学校则给予一定的补助。

五、坐飞机上学

芬兰为了让居住在不同地方的儿童在入学方面具有平等的权利，对居住在不同地方和环境的儿童提供特殊的补偿方案。

如果一个接受九年制义务教育的儿童上学的路程超过5公里，那么就有权获得免费交通。如果一个接受学前班教育的儿童从家到学校或者从日托中心到学前班的路程超过5公里，那么就有权利接受免费的交通服务，直接接送他回家或往返日托中心和学前班。如果上学的路途对于儿童来说难走或是危险，他也有权获得免费的交通。如果不使用免费的交通，也可以提供交通补贴或是提供补贴给陪伴孩子上学的人。如果家与学校之间没有公共汽车路线连接，或者学生是行走不方便的残疾人，那么他将乘出租汽车上学和放学，车钱由政府出。而且，芬兰的出租车，都是中高档如奔驰等名牌小轿车。

芬兰的《基础教育法案》还规定有权接受免费交通的孩子在13岁之前，他们花在上学路上的时间不能超过2.5小时（等车时间包括在内）。13岁之后或者是有特殊需要的学生上学路程时间也不能超过3小时。因为法律有对上学路途时间的规定，以及有时候路途危险，政府甚至需要用直升机来接送孩子上学和放学。曾在芬兰居住过10多年的也禾对此印象非常深刻：

我的一个同事，她家住在芬兰南部的一小岛上，那小岛就只有她家。她说她小时候上学，就是天天乘政府付费的船，到一个大一点的有学校的岛上去上学。遇到风浪大的日子，船不能开时，政府就用直升机接送她。可以想象，政府对一个小岛上的一个小孩实现义务教育付出了多么高昂的费用。但当我给其他的芬兰人谈到此事时，他们觉得这不是什么了不起的事情。每个芬兰公民都会平等地受到宪法的保护，而政府是执行宪法的机构，它的学校管理中心有责任把每个适龄儿童送到就近的学校去，无论他住在芬兰的什么地方，要花多少费用。①

如果学生家距离学校超过5公里，不便于每天为学生安排交通的话，那么政府就有义务免费为学生提供住处和饭食。而且在周末和节假日要为学生安排免费的交通回家和

---

①　也禾：《义务教育之义务——芬兰义务教育有感之一》，《内蒙古教育》，2010年10月。

上学。

六、各民族都可接受母语教学

在芬兰，因为教育非常崇尚平等，所以孩子享有接受母语教学的权利。虽然说芬兰语的人口占全国的绝大多数，但是少数人的语言在教育中同样平等地得到尊重。在芬兰全国人口中有93.4%的人口母语为芬兰语，5.9%人口的母语为瑞典语，也有部分人使用萨米语和吉卜赛语。还有部分听力有障碍的人使用手语。因此，芬兰义务学校教育根据学生的母语情况实行5种语言学习。这种多元化的母语教学方式给使用其他语言的少数族群带来了很大的幸福。从俄罗斯移民到芬兰的艾娃小姑娘对此深有体会。

9岁的艾娃是在6年前跟妈妈移民到芬兰的。艾娃在一岁半的时候被医生诊断为重度听力损失，很难听到人说话。如果在俄罗斯，艾娃很难进入普通学校读书，只能选择专门为聋哑人开办的学校上学。艾娃妈妈认为这对孩子以后的生活很不利。她听自己嫁到芬兰的好友说，芬兰听力有障碍使用手语的孩子，也是在普通的学校上学。学校会安排专门的手语老师进行教学。

3岁的艾娃到了芬兰之后，进入日托中心的特殊教育班。7岁那年，她顺利进入家附近的一家综合学校。在学校里面一共有6个有听力障碍使用手语的孩子。其中有两个孩子与艾娃一样，属于重度听力障碍，只会手语，不会口语。而另外3个孩子则属于中重度听力障碍，会手语，也会部分口语。这6个孩子由专门的口语班级教师担任教学任务。因为和普通的学生在一个学校上课，老师还会经常让听力正常的学生来帮助他们这个特殊的班级。这些特殊班级的孩子还经常和普通学生一起玩耍。艾娃还和一个听力正常的姑娘成了最好的朋友，每天一起上学放学，亲密无间。艾娃的妈妈看到孩子在普通的学校里面健康和快乐成长，并有着普通学生的交往圈。这样就不用担心艾娃将来难以融入社会，她觉得很幸福，也很欣慰。

另外，政府还为母语不是这5种语言的学生提供每周两堂课的母语教学，为期4年。

因为芬兰的移民来自全球各个地方，政府免费为这些孩子提供母语教育需要花费很大的财力（以芬兰首都赫尔辛基来说，就有44种语言要对孩子进行母语教学），但是从平等的理念出发，芬兰政府仍然坚持这一政策，而且还十分人性化。

一位从我国台湾移民到芬兰的妈妈对此感受非常深刻。她有两个孩子，学校本来为她安排一位大陆籍的教师教她两个孩子的中文。但是这位老师不会写台湾所用的繁体字，而这位妈妈坚持要让孩子学习繁体字。经过和地方政府的商议，政府同意她自己去找台湾老师来教，老师的课时费和交通费都由政府支付。①

关于芬兰对语言教育的重视，一个做法很值得一提。芬兰的电视台提供了数量充足的外语电影（主要是英语原版电影），这些电影并不配音，并坚持以芬兰语做字幕。如果孩子们要想看懂电影，就需要读芬兰语的字幕。这无形中增加了孩子的阅读机会，同时锻炼了他们的双语能力，

---

① 张家倩：《看不见的第一，我的芬兰经验》，萧富元等著：《芬兰教育：世界第一的秘密》，台北市：天下杂志，2008年。

这种在娱乐休闲中不忘培养阅读兴趣的做法真可谓一举两得。

七、没有重点校与重点班

芬兰在提供以平等为导向的义务教育时，不但注重弥补起点的不平等，还非常注重教育过程中的平等。这具体体现为每个学生都具有平等的受教育权利，学校和老师没有权利对学生实行区别对待。曾任芬兰国家教委会主任的阿侯（Erkki Aho）说："我们放弃所有形式的分班，因为我们相信，分班结果和家长的经济能力、教育程度正相关，这是不公平的。不做能力分班虽然对老师教学是一大挑战，但是我们已经做了价值选择，要让每个学生公平地受到好的教育……如果我们根据小孩的能力做教学区隔，那就是违反人权，也违背我们的核心信仰。"

各类学校不设尖子班，不把学生分成优生、差生。在学校里，教师没有权利挑选学生，每个老师都有义务和责任教育好不同类型的学生。教育系统坚持不给学校排名次、不办"重点学校"。如果有学生的成绩暂时落后，老师则有义务为他提供补救教学。在这样的环境下，孩子不会因为所上学校、所在班级和学习成绩暂时落后而被贴上标签。这对于敏感的孩子来说，是一个多么幸福和宽松的环境啊。

八、特殊孩子享受特殊教育

在芬兰，如果一些孩子有身体残障或智力残障、心理疾病或者其他方面的困难，则有权获得由政府提供的免费的特殊教育。政府会尽可能地通过提供特殊的教室或设备帮助这些有特殊需要的学生接受与普通学生一样的教育。因为，芬兰特殊教育的首要目标为协助学童学习以使其达成普通课程的教学目标。芬兰于1983年正式修法通过不能有任何学龄儿童被排除于义务教育之外。这也代表着人权迈进的一大步，取消了地方教育者免除残疾学生接受义务教育时间的权利，残疾学生现在被包括在义务教育之中，期望毕业的时候同样能够继续下一步的教育。

1970年代后，芬兰将常态化融合教育原则引入特殊教育中，让特殊教育学生的学习生活尽可能与一般教育结合，且与普通学生共同学习。芬兰的特殊教育有三类：有严重残疾的儿童（1.8%），到专门开设的特殊学校就读；有轻微残疾的儿童（4.4%）融合到主流教育中；第三类是占17%～20%的特殊需要儿童。特殊教育的老师和其他教师相比，还要多接受一年针对各种学习问题和特殊教育方面的专业训练。第三类有特殊需要的儿童主要是针对有学习困难的学生，也是特殊教育帮助的主要群体。这些学生一般是经班级教师和教师助理辅导后仍未见提高的孩子。如果这些有特殊需要的学生不适合接受与普通学生一样的教育课程，那么学校将会为他们提供个性化的课程。

基格是赫尔辛基市郊一所综合学校五年级的学生，他是一个儿童多动症患者。在二年级的时候，老师发现基格学习、做事、玩的时候很难保持注意力集中，粗心大意、常丢东西、经常打扰别人，而且活动过度、冲动任性、学习出现障碍、成绩明显下降。经医生诊断，他得了多动症（注意缺陷多动障碍）。

基格所在的学校一共有七个像他一样难以在课堂上集中

精力的孩子。考虑到他们不习惯在教室里面学习，学校为他们制定了个性化的学习方案。除了在课堂上学习，学校还会给他们安排一些实务的活动，比如到花店、超市、洗衣店、餐厅等地方去实习，通过让孩子们在实践中学习的方式来激发孩子来学校的热情。

第四章

人人都是全才（义务教育之二）

一、无所不能的通才教育

九年义务教育的时段，正是孩子品德、智力、身体、世界观、人生观、价值观、审美观、心理能力、动手能力等的形成期和成长期。这个阶段，对孩子在德智体美劳等方面全面的教育和培养非常重要，因为这不仅关系到孩子在未来的竞争力，也关系到孩子长大成人之后是否能够过上一种美好幸福的生活。“四肢发达，头脑简单”不会幸福；只有知识，没有品德不会幸福；只有知识，没有健康不会幸福；只有书本知识，没有动手能力也不会幸福。

在义务教育阶段，芬兰具有非常全面的教育课程。这些课程让芬兰人能够享有有创造力的人生、有道德的人生、平衡的人生，从而具备了幸福生活的基本要素。

芬兰学生在基础教育阶段，不但需要学习传统的知识，还要学习如何做饭、如何做家务、如何进行垃圾分类，学习游泳、跳舞、滑雪和滑冰，学习如何认识自己、认识自然、认识世界，学习识谱，欣赏不同种类不同时代的音乐；不但学习用文字语言来表达和交流，也学习用音乐和视觉艺术来表达自己；不但学习缝纫，还要学习做木工、电工和金工活；不但了解自然环境，也了解自己的身体和健康；不但要学会在森林中利用地图、指南针找路，还要学会如何救水；不但学习如何表达自己的焦虑，也学习如何应对生活中的意外和不测；不但学习要注重手工制作的质量，更要注重美观和环保；不但学习国际经济贸易的宏观知识，也学习有关失业、通货膨胀、公共财政和税收的国内经济知识，还学习有关如何个人和家庭理财、做个理性和有责任的消费者的微观经济学知识；不但学习民主社会的参与技能，还学习宽容和关怀别人；不但学习知识，还学习方法；不但在课堂上学习，还从各行各业的实践中去学习。

因为芬兰基础教育着力培养广泛和全面的学生，学生能够在16岁毕业的时候成为一个全面发展的人才：有理性，有平等的理念，爱自然，有爱心，国际化，宽容，懂艺术，会运动，会照顾自己，会基本的手工操作。这样的人，不会是一个只会读书的书呆子，也不会是一个只有知识而没有道德的人，更不会因为工作而忽略了生活和健康。这样的基础教育，真是全面而幸福的理想教育。

对于芬兰的全面教育所带给人的幸福感，我国台湾的慧仪、大陆的晓洁和亚南有非常直接的感受，这个发现让他们既惊讶又羡慕。

二、新好男人：家务与工作一样出色

两年前，慧仪从台湾嫁到芬兰，丈夫安东尼是一位建筑设计师，现有一个一岁多的女儿。说起自己的丈夫，慧仪赞不绝口。她说安东尼简直就是新好男人的代表：热爱工作，喜欢孩子，忠于家庭。虽然慧仪在家做全职主妇，但安东尼下班回来还会帮她带孩子、做家务。修理水管马桶家电、安装灯泡之类的技术活不在话下，连做饭、打扫卫生、熨烫衣物这类家务也是做得有模有样。安东尼不但会说芬兰语、瑞典语、英语和德语4种语言，还非常喜欢运动和音乐，人很善良真诚。作为一个漂亮的姑娘，慧仪不乏追求者，她说自己当初决定从台湾嫁到遥远陌生而又寒冷的芬兰就是被安东尼的人格魅力所打动。和安东尼谈恋爱的时候，让慧仪更为惊讶的是安东尼不但会做菜、烘焙糕点，而且会踩缝纫机缝制简单的衣物和织毛衣。安东尼的这些“特长”使慧仪“惊为天人”，因为连慧仪自己都不会做这些事情。

到了芬兰之后，慧仪发现在芬兰，像安东尼这样的新好男人其实不少。她很纳闷。有一天同安东尼讨论到为什么芬兰男人都这样全面发展，连做家务都是好手，安东尼轻轻笑了，说：“修理东西和做家务活这些东西都是我们从学校学来的啊。”“啊，学校还要学这些？”慧仪很惊讶。

三、新能女人：会装灯的女同事

在深圳工作的晓洁被公司派往芬兰。在布置租来的公寓时，发现公寓的客厅需要装灯。因为人生地不熟，公司两位芬兰女同事陪她到商场买了灯具。本来她以为商场会派人来装的，可店家说要是派人装要另加费用，并指导说你怎么怎么弄，自己搞定很容易。两位女同事在一旁说：“这个很简单，到时我们帮你就是了”。“你们会装灯？”晓洁很惊讶，因为自己在家的时候从来都不敢弄这些技术活，不是老公解决就是请专业人员帮忙。“小事一桩。”芬兰女同事说。到家后，这两位女同事果然两三下就将灯具装好了。晓洁在一旁啧啧称奇：“哇，你们好厉害啊！”芬兰女同事倒是有点不解地看着惊讶的晓洁说：“这没什么啊，我们学校里都要学的呀。”“啊，学校还要学这些？”晓洁确实惊讶。

四、博士就是博学之士

亚南是一位从北京大学来到赫尔辛基工业大学参加联合培养博士生项目的学生。在芬兰的学习中，芬兰的理工科博士生动手能力往往比中国学生要强许多。刚到芬兰时，教授让他自己制作工具箱，需要绘图、切割、焊接、装配等，他一筹莫展。最后本组的芬兰博士生出面，三下五除二，帮助他完成了第一个课题。

芬兰大学的学生宿舍和实验室，往往还有一个共享的工具柜，里面各种工具均有，可以用来加工各种器件。芬兰大学里的各种大中型科研设备通常是由博士生来进行管理。这些几十万甚至上百万欧元的设备，日常管理和小故障均由博士生自主解决。比如大中型的扫描电子显微镜，在国内通常连博士生都不能使用，在芬兰却由学生们自主使用和维护。

亚南在对芬兰博士生高超的动手能力啧啧称奇的同时，心里也在犯嘀咕：为什么他们这方面那么厉害？难道是天生的么？想不通的亚南为此专门请教了芬兰的一个博士生朋友。这位朋友听完哈哈大笑起来。他说："当然不是天生的了，我小时候还是个笨手笨脚的孩子，只不过这些东西我们在综合学校的时候都会学习。""啊，学校还要学这个？"亚南也是非常惊讶。他想起自己小时候，也喜欢在家里摆弄各种工具，可家长认为是胡闹浪费时间，总催促他去学习。学校就更不可能有这样的课程了。

五、全才来自全面发展的教育设计

基础教育学习节数分配表

<table>
<tr><th>科目</th><th>一年级</th><th>二年级</th><th>三年级</th><th>四年级</th><th>五年级</th><th>六年级</th><th>七年级</th><th>八年级</th><th>九年级</th><th>合计</th></tr>
<tr><td>母语</td><td colspan="2">14</td><td colspan="3">14</td><td colspan="4">14</td><td>42</td></tr>
<tr><td>A语言</td><td colspan="2">……</td><td colspan="4">8</td><td colspan="3">8</td><td>16</td></tr>
<tr><td>B语言</td><td colspan="6">……</td><td colspan="3">6</td><td>6</td></tr>
<tr><td>数学</td><td colspan="2">6</td><td colspan="3">12</td><td colspan="4">14</td><td>32</td></tr>
<tr><td>环境与自然</td><td colspan="4">9</td><td colspan="5"></td><td rowspan="4">31</td></tr>
<tr><td>生物与地理</td><td colspan="4" rowspan="2"></td><td colspan="2">3</td><td colspan="3">7</td></tr>
<tr><td>物理与化学</td><td colspan="2">2</td><td colspan="3">7</td></tr>
<tr><td>健康教育</td><td colspan="6"></td><td colspan="3">3</td></tr>
<tr><td>宗教与伦理</td><td colspan="5">6</td><td colspan="4">5</td><td>11</td></tr>
<tr><td>历史与社会</td><td colspan="4">……</td><td colspan="2">3</td><td colspan="3">7</td><td>10</td></tr>
<tr><td>音乐</td><td colspan="3" rowspan="4">26</td><td>4</td><td colspan="2" rowspan="4">30</td><td colspan="3">3</td><td rowspan="4">100</td></tr>
<tr><td>视觉艺术</td><td>4</td><td colspan="3">4</td></tr>
<tr><td>工艺</td><td>4</td><td colspan="3">7</td></tr>
<tr><td>体育</td><td>8</td><td colspan="3">10</td></tr>
<tr><td>家庭经济学</td><td colspan="6">……</td><td colspan="2">3</td><td></td><td>3</td></tr>
<tr><td>教育与职业辅导</td><td colspan="6">……</td><td colspan="3">2</td><td>2</td></tr>
<tr><td>选修课</td><td colspan="6">……</td><td colspan="3">(13)</td><td>13</td></tr>
<tr><td>最少节数</td><td>19</td><td>19</td><td>23</td><td>23</td><td>24</td><td>24</td><td>30</td><td>30</td><td>30</td><td>222</td></tr>
<tr><td>外语选修</td><td colspan="2">……</td><td colspan="4">(6)</td><td colspan="3">(6)</td><td>(12)</td></tr>
</table>

……该年级不学习该科目，除非当地的课语有注明

() 为选修课的节数

慧仪、晓洁和亚南很惊讶，芬兰学校竟然还要教男生踩缝纫机和织毛衣，教女生装电灯，教学生如何绘图、切割、焊接、装配之类。他们原本以为这些东西只有在职业技术学校才会学习，却没有想到这些内容全都是在基础教育阶段学习的。

根据《2004 年基础教育国家核心课程大纲》，基础教育阶段一共有 19 门必修核心课程：包括母语文学、第二官方语言、外语、数学、环境与自然、生物、地理、物理、化学、健康教育、宗教或伦理、历史、社会研究、音乐、视觉艺术、工艺、体育、家庭经济学、教育与职业辅导。另外还有选修课程。选修课程可以是外语（法语、德语和俄语）、信息技术相关课程、多学科综合课程和必修课程的专业化和运用化课程。

与中国小学和初中的课程相比较，芬兰基础教育比较有特色的课程是语言学习、环境与自然、健康教育、宗教或伦理、社会研究、音乐、视觉艺术、工艺、体育、家庭经济学，教育与职业辅导。

（一）普通人都会多国语言

张先生在中国人民大学硕士毕业之后，前往芬兰攻读生物学博士学位，毕业之后留在芬兰的一所大学教书。芬兰普通人多语言的能力给他留下了很深刻的印象。他实验室有一位二十出头的芬兰女助理。虽然这位助理只有高中文凭，但她除了母语芬兰语之外，还可以流利地说瑞典语、英文和法文。

原来在芬兰的基础教育阶段，除了母语之外（根据学龄儿童的出生背景和使用语言的情况，可以自由选择芬兰语、瑞典语、吉卜赛语、手语和原住民所使用的萨米语作为母语来学习），学生至少还要学习和掌握两门外语：第二官方语言和英语。对于语言有浓厚兴趣的学生还可以选择两门外语作为选修课。

通常从三年级开始，加入第一外国语课程，目前大多数学校都开设的是英文课程。学校从三年级开始，可决定是否增加另一种外语课作为选修课程。一般从七年级开始学习芬兰的第二官方语言。母语是芬兰语的学生，则学习瑞典语；母语是瑞典语的学生则学习芬兰语；母语为芬兰语和瑞典语之外的学生则可以在芬兰语和瑞典语中择一来进行学习。八年级的时候，学生可以再选修一门语言，一般是在法语、德语和俄语之间选择。正是由于这种多语言的学习，芬兰人在国际贸易和全球经济一体化中具有很强的优势。

芬兰的外语学习也非常有趣。比如英文学习，其课程内容不像我们中国学生熟悉的，在学习生词的基础上对一篇篇单独的文章进行学习，而是整本书一般只有一个分为不同主题的故事，并且故事内容贴近学生的生活，与他们的经验和感受相关，让学生在有趣的生活化的故事中学习域外语言。这样的学习贴近学生的生活和年龄，也符合学生的学习习惯，因此孩子们在学习的时候都充满了乐趣，老师也能够用最短的时间收到最好的教学效果。比如三年级英文教科书的书名叫做《冰淇淋岛》。一本书只有一个故事，这本书讲的是一群小朋友在冰淇淋岛的生活点滴。冰淇淋是芬兰人的最爱，这样的故事非常能够激发学生的学习热情。四年级的主题则是梦想团队，讲的是五个好朋友在英国旅游所见到的各种场景，包括农场生活、体育竞赛和文化表演等等。不但教英语，也教外国文化和国际礼仪。每一年级的进阶，不是以字的难度区别，而是以生活主题随着年纪的变化而不同。

（二）在自然中学习自然

书本的知识最终来源于生活和自然。但很多学校在教学的过程中，常常忘记这个联系而只盯住课本。

环境与自然这门课程该如何学习呢？在小学的时候，我们也有自然课，但是很少会有老师把学生带到自然中去学习。芬兰的基础教育阶段在教授这门课的时候，非常强调适用性。学习不光是停留在知识层面，更重要的是要到实践中去发现，并以解决问题为主。比如学习的目标中有一项是要学会使用地图和画简单的地图。为了达到这个学习目标，老师会将学生分成不同的小组，带领不同的组别到不同的地方去游玩，之后要求每组学生都画出地图来，再把这个地图给另外一个小组，看他们能否根据这个地图返回。通过这种生动具体的学习形式，学生不但学会了制作地图，也学会了识别地图。

学习环境与自然这门课的另一个目的是为以后分科目进行的物理、化学、生物、地理的学习提供一个全景式的初步介绍。其中还包括向学生介绍环境可持续发展的视觉。目的是让学生了解自然，保护环境，了解自己和他人，了解人类的多样性，了解健康和疾病。小学一到四年级，先概括式地对环境与自然做整体的介绍，五、六年级间，这门课再细分为物理与化学和生物与地理两门课程。在初中三年，再分科为物理、化学、生物、地理 4 门课程。

（三）没有健康就没有幸福

健康包括身体健康、心理健康和社会能力健康三方面。

毫不夸张地说，健康是个人幸福的根本。如果没有健康的身体、健康的心理和健康的社会能力，不仅很难幸福，而且可能会生活得很痛苦。

芬兰人其实一直都非常重视身体的健康和安全。在芬兰的大街上，你可以看到很多跑步的人。在工作和学习之余，芬兰人还非常喜欢从事各种体育活动。芬兰人对于安全的自觉意识，给从山东大学公派到芬兰学习的张继龙留下了很深的印象：

在这里生活了一年，对芬兰的文化有了初步的认识。首先给我的印象是，这里的人很在乎自己的人身安全。比如，他们骑自行车都要戴上安全帽，晚上骑自行车都要有车灯，晚上散步要穿有反光带的衣服，开车时，司机都要系上安全带，这和国内不太相同。在河边走一走，过一段就会发现有一个救生圈挂在河边的架子上，以备有人掉进河里之需。①

虽然这样，为了提高学生的健康状况和安全意识以增强个人和国家的竞争力，芬兰政府认为还需要加强对基础教育阶段学生的健康教育。之前的健康教育主要是在“环境与自然”中涉及到。《2004 年基础教育国家核心课程大纲》将“健康教育”作为一门新增加的课程。

这门课程要教给学生的内容与个人的成长紧密相关：不但让学生知道如何从营养、运动、情绪等方面保持健康，而且让学生意识到吸烟、酗酒、药物依赖等对健康的影响；不但让学生知道如何从个人层面保持健康，还让学生要有关心别人健康的情怀；不但让学生了解青春期成长的特征和需

① 岑玉珍：《芬兰印象——改革开放 30 周年留学芬兰文集》，中国社会科学出版社，2009 年，第 100 页。

要，还让学生了解到人的生老病死之周期；不但教学生如何在日常生活中维护自己的健康，还教学生在遇到危险和意外事故时的态度和应对技巧；不但教学生生活中的交通规则，还教学生如何处理自己的焦虑；不但教学生要自尊自爱，也教学生宽容和关怀他人；不但让学生接受性教育，还教学生要关注社会的福利。期望学生通过这个课程的学习，不但更加能够认识自己和发展自己，而且更加社会化。

芬兰孩子在年少的时候就接触和学习到这些内容，让他们能够更加地关注和增强自己和他人的健康，更好地处理自己的情绪以及面对生活中的疾病和意外，实在非常幸福。

（四）没有德性就没有幸福

古希腊著名哲学家亚里士多德曾说过："人离开了德性，将是最肮脏、最残暴的、最坏的纵欲者和贪婪者。"因此，一个没有德性的人是很难幸福的。在芬兰的基础教育中，品德的教育非常重要。芬兰从小学一年级开始上宗教课或伦理课；没有选宗教课，就会去上伦理课。宗教课程比较多元，主要以基督教、新教路德教和东正教为主。至于有其他宗教信仰的学生，如果有三个人以上，就要为他们设立符合他们信仰的宗教课程。

以伦理课程为例。伦理课的学习也是多学科综合的，包括了哲学、社会科学和文化研究。目的是培养学生成为社会中独立、宽容、有责任感、审慎的公民，使学生能够成长为自由、平等并能够创造美好生活的人。该课程不但要让学生认识自然、了解生命、了解自己，而且要让学生学习如何和自我、和他人、和自然友好相处；不但让学生能够欣赏自然之美、文化多样性，还要让学生为地球和自然的未来着想；

不但要学生学习自由、正义的原则，也要求学生在日常生活中去实践。芬兰基础教育中的伦理课程已经将学生作为一个负责任的公民来对待，教给学生民主社会中所需要的宽容和妥协，以及个人自由和团体权利的界限和合作。接受过该课程教育的学生，能够对自己、对他人和社会有着正确的认识，社会的文明程度也因此得到提高。

（五）每个学生最终都是社会人

接受基础教育的学生虽然还是未成年人，但他们和成人一样在这个社会中生活。如果学校能够教给学生关于这个社会的基本知识，不但让学生了解了社会，而且增强了社会参与感和社会责任感。这对于学生来说是一种幸福。

芬兰的基础教育中有一门专门为学生了解社会而设置的社会研究课程。该课程不但给学生提供了影响社会政策的知识，还指导学生如何理解个人和社会的关系；不但教给学生宏观经济的知识，也帮助学生了解作为个人和家庭消费的作用和原则；不但教给学生寻求司法救济的原则，也教给学生税收和公共财政知识；不但帮助学生理解国内经济政策，也帮助学生树立全球经济一体化的意识。使学生通过该课程的学习，成为一个成熟的社会人。

（六）乘上音乐的翅膀

欣赏音乐、演奏音乐以及制作音乐是一种很大的幸福。在中国，能够享受这种幸福的人仍然是少数，音乐成为条件好的家庭孩子的一种才艺学习。中国中小学校的音乐课程，大都不过是教学生学唱歌曲而已。在中国完成初中教育的学生，可以说大部分连简谱和五线谱都不一定会识别，就更别说欣赏和识别音乐，以及制作音乐了。

芬兰基础教育阶段音乐教育程度是相当高的。音乐课程从一年级一直持续到九年级。音乐课的目的是帮助学生找到音乐的乐趣，鼓励学生参与音乐活动，提供给学生用音乐表达自我的手段和支持学生的全面发展。音乐课程同时还要帮助学习理解音乐是和时间和场合相关的，在不同的时代和不同的社会及文化中，对不同的人来说有不同的含义。因此在学习中非常强调学生去听不同文化、不同种类的音乐，并说出他们自己独特的感受。在老师看来，对于音乐的感受没有对错可分，都是个人体验。另外，音乐课还让学生广泛接触各类乐曲和歌唱，并教给学生制作音乐的方法。

（七）放飞想象的视野

现代社会，图像的影响力大大超越了文字。甚至有人说，我们现在已经进入了一个“读图时代”。广义的图像包括艺术、大众传播、影像、建筑、自然等等。图像相比较于文字，带给人更直观的感受和更多的冲击性。在图像中，我们不但可以得到知识，也可以得到享受，更可以通过图像来表达我们的情感。传统的美术课已经远远不能涵盖当今图像的范围了。

在这样的背景下，芬兰将美术课改名为视觉艺术课程，其任务是支持学生在视觉思考、美学和道德自觉意识等方面的发展，并且让学生能够用图像来表达自己。视觉艺术课程的主要关注点是让学生理解社会中主要包括艺术、大众传媒和环境的视觉文化。这门课程也是从一年级上到九年级。学习的内容除了传统的模仿之外，将对视觉艺术的了解、欣赏、解读和评判放在了重要地位，并且强调通过视觉艺术来表达自己的思想和情感。

（八）自己动手的乐趣

人类生活的幸福，主要靠的是大脑和双手。大脑能够让我们不断改进生活的方法，而双手则是实现想法的最重要工具。生活中比如换灯泡、修马桶等需要动手的事情，如果能够自己解决，一定会给生活带来更多的幸福。

芬兰的基础教育非常强调培养学生的动手能力，不过这可不是小打小闹的玩玩而已。工艺课是培养动手能力最重要的课程。工艺课也是从一年级开始一直上到九年级。工艺课的目的一是通过发展学生制作手工的技艺来增强学生的自尊，并且从工作中获得愉悦和满足；二是增强学生工作的责任意识，并让他们能够学会感激质量好的材料和作品；三是能够在选择提供给他们的产品和服务中具有批判性的立场。

通过这门课的学习，学生不但要能够自己设计和生产产品，而且对于产品的评价标准还比较高：既要实用也要美观。学生不但要懂得基本的技术，而且还要会具体的操作；学生不但要能客观地评价自己的产品，还要批判性地评价别人和社会中所提供的产品；学生不但要理解技术的限制，也要对自己的产品尽可能地进行完善。正是因为有这样的技术训练，难怪有人说在芬兰人人都是工程师。

为了给学生提供工艺课程学习的环境，学校里面有学习织布、编织、缝纫和剪裁的手工房，有学习切割、焊接、金工等的车间房，还有学习木工的房间，有的学校甚至有专门的陶瓷房教学泥塑烧瓷。这些活动都是男生女生一起参与。男生会聚精会神地去踩缝纫机织布缝衣，或者拿起毛线针织毛衣；女生也会戴上护目镜和耳罩做木工或切割焊接的工作。

芬兰著名华裔工程师，纸电池的发明者张霞昌对芬兰从小培养学生动手能力的印象非常深刻。他的女儿在小学毕业时送给他的礼物是一个自己设计、加工的精美木制工具箱。在他们家现在还一直使用着女儿小学二年级用废旧木料加工制作的餐巾纸托架。

（九）生命在于运动

学会一项运动，它将会让你受益终身。因为它不但能帮助你打发休闲的时光，也让你身体更加健康。更重要的是，在体育运动中，还能够锻炼我们的意志和陶冶情操。可以说，会运动和爱运动的人，生活更加幸福。

芬兰基础教育中体育课程学习的内容非常广泛。芬兰基础教育中体育课的目标是对学生的身体、心理、社会能力产生正面积极的影响，引导学生知道锻炼对于健康的重要性。希望通过身体活动和学习经历让学生增强自我认知和忍耐力。在体育教育的过程中，还必须强调合作精神、责任、公平和安全。

通过体育课的学习，不但要求学生掌握基本的田径运动和球类运动的技巧，还要求学会韵律体操、舞蹈、滑冰、滑雪、游泳等运动；不但要求学生树立保持健康进行运动的意识，还教学生在运动中的团体意识和公平意识；不但要求学生学会基本的体育技能，还要求学生学习救援技巧和到野外或森林中利用地图和指南针辨识方向与路径的生活技能。学生通过这门课程的学习，不但会运动，而且爱运动。难怪到过芬兰的人，都会惊讶于街头、公园到处都有那么多跑步的人群和芬兰人对体育很高的热衷程度。正是由于从小的这种体育教育，让体育成为芬兰人生活的一部分。

从一年级到六年级，体育课一般由班级教师任教。四年级以上采用男女分班制。从七年级到九年级的则由专职老师任教，每周有两节，每节 45 分钟。

（十）会生活才有真幸福

一个人如果只是学习成绩好，工作能力强，但是日常生活能力很差，很难真正幸福。

我在香港学习的时候，同宿舍楼层有位本科毕业于中国人民大学的阿琴。她的宿舍总是一团糟，也不会做菜。她一般都在外面吃饭，偶尔煮点面条或者饺子什么的。吃了之后锅碗瓢盆都不洗，丢在公共的厨房中。有时候几天过去都有臭味了。有人看不过去，有时就帮她洗。可是洗的次数多了，大家也都不愿意了。于是大家开始不好气地说她，要吃了之后马上洗。她看大家对她意见很大，后来干脆再也不煮食吃了，哪怕是简单的面条。后来她结了婚，听朋友说，丈夫因为她不会打理家务和做饭，对她意见很大，搞得婚姻关系也很紧张。阿琴这样的生活，真的很难说是幸福的生活。

要生活幸福，还应具备生活中的一些基本技能。中国的基础教育，几乎完全忽视了家务活动的教育，也因此导致了不少学生“高分低能”。在芬兰的基础教育中，教会学习基本的生活技能的课程是非常有特色的。学习这些技能的课程名称叫“家庭经济学”。

家庭经济学是在七年级和八年级的时候学习的，每周三次课，每课 45 分钟。这门课的目的是让学生学会如何处理好日常生活，让他们在日常生活中为自己的健康、人际关系、个人和家庭财政以及生活环境的舒适和安全负责任。学习的内容包括如何和家人相处、营养和饮食文化、如何做一个消费者以及如何处理家务等。

这门课不但要求学生学会交往中的各种基本礼仪，而且要求学生会制定处理家务的计划；不但要求学生知道食物的营养成分，还要求学生会煮基本的食物和烘烤糕点；不但教学生要做一个理性和有责任的消费者，还教学生如何清理房间；不但教学生如何识别商品的标志，而且也教学生学会如何阅读各种织品的说明；不但要求学生会打理不同材质的衣物，还教学生如何进行垃圾分类；不但教学生知道家庭花销的构成，而且让学生从小学习理财。

为了给学生提供家庭经济学学习的真实环境，每个学校都配备有烹饪房供孩子们学习。烹饪房有多个小型整体厨房，学生可分小组进行实际操作，做出自己喜爱的美味佳肴。家庭经济学不但让每个孩子自己做室内设计，画出彩色设计图，还要自己去询价，编列家具、碗盘、锅子等预算。甚至自己买布做衣服、画设计图。烹饪房里设备完善，学生几个人一组，自己买食材，大厨、二厨、洗菜自行分配，自己煮自己吃。

芬兰基础教育将生活中的必备知识也加入到国家核心课程之中，这使得培养出来的学生有好的脑力、好的身体，动手能力强，把日常生活中的事情处理得井井有条。每个人都全面发展，难怪国家的竞争力会那么强大，人民会生活得如此幸福。

(十一)“授人以渔”的职业辅导

“授人以鱼，不如授人以渔”这句话说的是，老师给学生传授方法比传授知识更重要。

芬兰基础教育非常强调引导学生认识自我和进行职业选择。这方面的任务是由教育与职业辅导课程来达到的。这门课程目的是支持学生的成长和发展，让他们能够提高学习能力和社会成熟度，能够发展终身学习所需要的知识和技能。在老师的辅导下，学生根据自己的能力和兴趣来为学习、培训、日常生活、职业做决定。老师教会学生学习的方法以及如何选择和规划未来的职业。学生根据自己的爱好、身体情况、愿不愿意多读书等等，选择一个职业告诉老师，学校将为学生联系相应见习单位。比如想当医生的学生，就要去医院见习一周，看医生怎么工作，从而获得医生这个职业的大致印象，为自己选择职业提供了真实的依据。有的学校只在九年级时安排一次（一周）见习，而有的学校从八年级到九年级期间，每学期都安排一次，这样学生们可以有几次选择不同职业见习的机会。

这门课程的主要目标是：

(1) 学习独立、责任和自我认知；

(2) 学习合作和互动的技巧；

(3) 提高学习能力，认识学习的困难，并学会在遇到问题时寻求帮助；

(4) 知道不同的学习模式；

(5) 发展学生的学习技巧，评估自身行动的技能；

(6) 在基础教育的过程中和最后阶段接受老师的支持和指导；

（7）学会查询学习以及将来生活和工作所需要的信息和学习相关的技能；

（8）学习做决定的技巧，并学会如何将决定进行实施，即时在变化的情形中评估未来的计划；

（9）在职业选择中接受支持和辅导；

（10）学会获取社会、工作、企业等方面的信息，接受国际化和多元文化。

第五章

教育人性化

（义务教育之三）

一、校园就像公园

芬兰人非常重视综合学校的设计和建造。他们的综合学校不但各种学习设施和工具完备，而且讲求校舍的美观，让孩子们在安全优美的环境中学习。

在《2004年基础教育国家核心课程大纲》中，要求学校提供给学生的学习环境必须是安全的，能够满足学生多样化学习需要。不但要求为全面和多样化的基础教育学习内容提供相应的场所和设施，还要保证让学生能够获得工具、材料、图书馆服务、信息化设备、数据库等进行主动和独立的学习，而且还要求为学生提供的学习环境要考虑到美观。

因此，为了满足学生多样化学习的需要，学校中都有具备各种工具和材料的手工房、电脑房、烹饪房、木工房、音乐室、体育馆等。另外，政府和学校还想方设法地为学生提供兼具功能与美感的校舍。在基础教育学校进行建设的时候，一般都要进行开放式的建筑图稿竞赛。芬兰本身就是一个充满创意、擅长设计的民族，他们知名的设计师也以能够根据自己的设计来建造学校为荣。因此，在芬兰的基础教育学校中，有不少不同时代的知名优秀设计作品分布各地，不少有特色的基础教育学校建筑设施还经常接待来自世界各国的建筑考察团。芬兰自然景观很好，到处都是森林、湖泊和公园，因此，经常可以见到设计优良与优美的自然环境相融合的学校。接受芬兰基础教育的学生能够在这样的环境下学习，让人不得不羡慕他们的幸福。

二、呵护自尊

在中国，中小学生厌学现象比较突出。之所以厌学，主要是由于：学习难以激发学生的兴趣；学习和升学的压力大；学校不自由；对老师的恐惧以及同学之间的竞争压力等等。学生之所以厌学有许多具体的原因，但归根结底是在于目前中国中小学的应试教育体制使得教育不太人性化。

那什么样的教育才是人性化的教育呢？人性化的教育要求教师给予学生自由和自主性；尊重学生的个体差异，而不是只重视和喜欢那些学习成绩好和听话的学生；要根据学生的年龄特点进行教学，让学习变成一种有趣的活动；要减轻学生的学习负担，让孩子们在课后有足够的时间进行休闲和放松；老师和学生之间应该建立平等的关系等等。

到过芬兰考察义务学校的人，无不对芬兰人性化的教育印象深刻。芬兰的孩子们是幸福的，因为不但学校和老师，而且政府和全社会都很关注他们的成长。学校不但给学生提供优美的校舍，完备的设施，还给他们提供熟悉社会的场所甚至邀请年幼的孩子们去参加市长的舞会；不但学习轻松，还生动有趣；不但老师和学生之间平等，而且同学之间互相关爱。更难能可贵的是，没有学习和竞争的压力，老师都小心翼翼地呵护每个孩子的自尊；学习慢的同学更为得到老师们的帮助和同学们的等候和谅解。学生们不但能在这样的自由、轻松、有趣、安全的环境中学习，还有很好的学习表现，让人不得不感叹，芬兰的孩子真是幸福。

三、轻松学习

与中国的中小学生比较起来，芬兰的学生不仅上课时间短，而且家庭作业少，回家之后有更多的时间自由支配。

在芬兰 1998 年颁布的《基础教育法案》中，每学年上学时间规定为 190 天。芬兰基础教育中学生一年 190 天的上学时间，与世界各国的小学生相比，也算是比较少的。据统计，中国和日本小学生全年上课 245 天，而美国大部分学校的小学生每年只上 180 天课，英国小学生上 210 天课。并且芬兰《基础教育法案》还以法律的形式规定不能超过 190 天的上课时间，除非得到有关政府部门的同意。因此，芬兰学校不存在周末和假期私自补课的现象。

芬兰基础教育学校每天的上学时间短，一般是从上午 8 点到下午 2 点，每堂课 45 分钟，课间休息 15 分钟，中午有 15～20 分钟的午餐时间。即使是在七年级到九年级之间，每周上课的时间也不会超过 35 个小时，更是从来不会出现要留堂到晚上的情况。学生每天和每周的上课时数也是根据法律来执行，不可能出现学校和老师任意增加上课时间的问题。

芬兰《基础教育法案》还规定了学生学业负担的原则：除掉在学校上课的时间，来往学校之间的时间以及完成家庭作业的时间之外，应该让学生有足够的时间来休息、放松和发展他们的爱好。芬兰孩子应该享有休息和玩乐的权利，这在芬兰被看作是孩子们的基本人权。因此，芬兰一年级到六年级的学生，家庭作业一般不超过半个小时；而七年级到九年级的学生，家庭作业也一般不超过一个小时。芬兰基础教育学校夏季有 10 周的假期。在假期中，学生也几乎没有家庭作业。

芬兰的孩子学习比较轻松，却让来自崇尚勤学苦读的亚洲家长们心里很不踏实。来自中国、在芬兰长期生活的也禾就曾经向他的芬兰朋友抱怨自己上中学的儿子回家后很少看书。结果他的朋友说，我想学校已经教给了他必要的知识，回家就应该休息，锻炼身体。他认为孩子，尤其是男孩，在16岁前接受基础教育期间，就是应该积极参加运动，以后再在学习上下功夫。有个好的身体，才是今后学习工作的基本保证。芬兰人将学习看成是一场马拉松比赛，而不是认为要赢在起跑线上。

芬兰的中小学生能够如此轻松地学习，实在非常幸福。

四、自由发展个性

很多国家的学生都有校服或者制服，可是在芬兰的基础教育学校中，你看不到统一的制服。学生根据自己的喜好打扮自己。学校和老师也不会禁止学生染发、戴耳环或者穿露胳膊之类的服装。学生在教室里面，一般都脱掉鞋子，光穿袜子活动。课堂也不是很严肃，学生没有必要正襟危坐。没有上课和下课铃声，上课时间由学生自觉遵守。

在芬兰的基础教育体制中，非常强调学生作为学习主体的主动性和参与性。不但强调学生在学习过程中的参与，而且连学校的建设和饭堂的午餐，学生都有参与和发言的权利。

钱畏是广州一所重点学校高一的学生。去年，他有机会与他的老师一起参观了芬兰赫尔辛基市的罗素高中。钱畏首先被罗素高中的教学理念所吸引了：

我们为教师和学生提供了温馨的环境，这是一个很好的学习共同体，大家积极互动、对话交流，这里没有喝斥和强迫。

美妙的朋友、高品质的教育，这是上帝给我们的奖励。

教师是优秀的，学生是优秀的，这里的一切让你感到与众不同。

教育是在轻松、有趣、尊重的气氛中进行的。

兴趣是求知最重要的驱动力。

我们与周围的社区融为一体，这里的大部分课程是国际化的课程。

这里的一切井井有条，这里有很好的学习气氛，这里正在进行着充满智慧的和富有成果的讨论。

教师有兴趣、有能力为学生创造一个美好的未来。

这是一个寻找真理和发现个性的地方，记住这里的时光吧，把快乐和智慧带走。

优秀的年轻人，谢谢你对我们的信任！

当你离开的时候，你会衷心地说，这是一个好地方。

死记硬背、没有引起心灵触动的知识只会成为负担，消化掉的知识才是你自己的知识。

“轻松有趣的学习”以及“学校是发现个性的地方”等字眼，让钱畏眼前一亮。他想起自己刚进高中的第一天，各科老师就轮番轰炸，大意都是说你们现在高中三年的目标就是为高考而奋斗，要抓紧每分每秒的时间来学习，一切以学习为重，别的兴趣要暂时放下。可是在罗素高中，钱畏看到学校不仅鼓励学生发展个性，还为学生特别开设了攀岩、射箭、帆船、高山滑雪、跳舞、摄影、舞蹈、乐器、汽车修理、汽车驾驶、戏剧、体育、音乐和多媒体、图形艺术、数码等有趣的课程。这让钱畏非常羡慕高中学生还有讲求个性的幸福。

五、同学就是家人

在基础教育阶段，学生的心智发展还不太成熟，因此，同辈之间的影响很大。芬兰的基础教育学校特别强调平等、友爱、鼓励性的学习氛围，这为孩子们的成长提供了一个心理安全的成长环境。这对于孩子们来说非常幸福。

为了达到平等的目标，班里学生列队时是按照姓氏笔画排列，而不是我们中国学生熟悉的按照高矮排列。参加各种活动都是全班出动，人人都被看成是这个集体不可缺少的一分子。比如表演节目，全班同学都上台，哪怕是有残疾的同学。有位从中国去芬兰定居的朋友的小儿子班上，有一个小脑瘫痪的学生，平时是被绑在轮椅上来上学的。开晚会时他们班的节目准有他的角色，一年级时，老师是抱着他在台上和班上的同学一起跳舞。大一点，老师抱不动了，就给他安排一个坐在轮椅上表演的角色，每次他的表演，都会给他们班的节目带来最热烈的掌声。对于学生的作品，无论是作文还是绘画，老师都不会挑选其中的一部分出来展示，而是将全部学生的作品都一起展示。正像芬兰教育部长在美国接受采访中所说的那样，芬兰的教育系统就像打冰上曲棍球一样，给每个人机会。

老师与学生之间也是直接以名字相称，没有等级观念，师生之间非常平等。另外，学生中也没有班干部和平民百姓之分。从七年级开始，会从班级或年级中选一位同学作为学生代表，负责将同学们的意见反映给老师或校方。不过作为学生代表，并不像中国中小学里的班干部、大队干部、学生会干部那样具有权力意味，他们只是学生的代言人，为学生服务。这样的同学既要聪明能干，又要有奉献精神。因为除了完成自己的学习任务外，他们还要抽出时间为大家服务。如果不聪明能干，完成自己的学习要花大量的时间，哪有时间去服务他人？若光有聪明能干而没有奉献精神，也不会免费去劳动。

为了达到友爱的目标，芬兰基础教育学校非常重视同学之间的和睦相处。从小学一年级开始，要求学生认识到什么是欺负别人的行为。这样一方面是要让学生不要欺负别人，另外一方面是教学生被人欺负的时候应该采取什么方法。老师会首先让同学将自己认为是欺负的行为罗列出来，然后全班一起讨论，最后把大家一致认为是欺负的行为打印出来给每个同学一份。除了打印出来的内容，同学们还可以自己加上虽然没有打印罗列出来，但是自己认为某种行为是欺负行为，让老师和全班同学一起来讨论，讨论之后达成一致意见的，将被全班同学添上。接下来同学可以在被全班同学承认的某种欺负行为上，划上自己曾被谁欺负过，先交给家长核实，最后再交给老师。老师会抽出时间，单独跟有关同学谈话，以化解矛盾，达到同学们之间没有相互欺负的局面。

另外，为了老师和同学之间更好地互动和交流，芬兰基础教育实行小班教学。虽然没有法律规定每个班级的人数，但是所有班级的平均人数为 21 人，对于一年级和二年级而言，平均人数只有 19 人。对比中国的中小学班级人数，一般是 50 人，芬兰小班教学更加人性化。

在学校的学习和活动过程中，老师非常注意维护和增强孩子们的自尊。在芬兰人看来，孩子的自尊像一个容易破碎的珍宝，必须小心地呵护。小孩子有了自尊和正面的自我形象，才会有学习的动力和兴趣，才能够更好地掌握知识和愉快学习。因此在芬兰的基础教育学校中，老师从来不会公布学生的分数。发考卷的时候，老师会将考卷的面翻过来，不喊出分数，一个一个地发，或者直接走到学生面前发给他。老师也不会表扬考得好的同学或者批评考得差的同学。如果班级中有同学违反纪律或者欺负同学之类，老师也不会在课堂上当面批评。一般会采取私下谈话或者在班上以这样的形式说："你们当中有人做了什么什么样的错事，但我不会说出是谁，因为做错事的人自己知道，希望你下次不要再这样了。"

有时候如果很多同学在考试中都表现不佳，为了不打击同学们的自信心，老师甚至会要求同学再复习之后重新进行测验。在芬兰老师的观念中，学习不是为了考试，学习的目的在于能够真正掌握知识，并在这个过程中让学生愉快和有信心地进行。在芬兰的基础教育阶段，老师不会去公布谁是第一名。有些学校唯一有点表扬意味的就是评选"年度风云学生"。不过这个"年度风云学生"不是由老师来决定，而是由同年级的学生评选出来。成绩优异不是唯一标准，还要得到多数同学的喜爱和认同。为了鼓励同学，学校还会设置科目进步奖，表扬进步明显的同学。甚至还有人因为与班上同学格格不入而拿到超级信心奖。①

正是由于芬兰基础教育学校平等、友爱和鼓励性的学习

---

①　陈之华：《芬兰教育给教师和父母的45堂必修课》，中国青年出版社，2010年5月第1版，第28—29页。

氛围，让孩子们较少会在小小年纪经受同伴之间的负面影响，并且学习好的同学也不会有优越感，学得差的同学也不会有羞耻感。大家一起进步，互帮互学，不会从小就在一个竞争的环境下长大。这样对孩子的身心发展和学习都是很有利的事情。

六、升学没有压力

在中国，目前虽然取消了小学升初中的统一考试，但是由于初中之间的差距很大，不少初中招生仍然有内部的考试。加上有允许考试的民办初中的存在，孩子们上小学的时候仍然有很大的升学压力。这使得小学生的学习压力大。而在芬兰，学生在综合学校一直上到初中毕业，在从小学到初中的过渡阶段没有升学的压力。这对于家长、学生和老师来说都很幸福。

过去，芬兰学生在六年级之后，就会被分成技能轨道和学术性轨道。1985 年，通过教育改革，这种分流的双轨制彻底结束，芬兰现在的基础教育是九年一贯制，中间再没有分流。而且也不像中国的学生在六年级之后需要重新换学校。连续性的基础教育体制对于学生、家长和老师都有很大的好处。对学生来说，一直都有一个稳定的学习环境、老师和学习伙伴，避免了因为环境改变给青少年造成的不适和焦虑；对家长来说，无需中途操心孩子的选校问题；对老师来说，因为了解所教的学生，更加容易因材施教。

七、学习饶有趣味

在芬兰的中小学，学习是一件很有趣的事情。

芬兰基础教育其中一个重要目的是培养孩子的学习兴趣，为终身学习打下坚实的基础，所以除了给学生提供好的物质设施和形成平等、友爱和鼓励性的学习氛围之外，还非常强调老师所教授的知识要有趣和符合儿童认知的特点。为了激发学生学习的热情，老师需要下功夫，因为除了要关注教什么，还要学会如何教。芬兰学生相比较于别的国家，成绩表现非常突出，这主要得益于老师的教学方法，让学生在学校就掌握了知识，没有必要再花很多额外的时间进行温习或补习。

以芬兰基础教育的母语文学课程为例，为了激发孩子们学习的兴趣，老师会采用说故事的方法来引导孩子的学习。比如，老师会给三个关键词：狐狸、老鼠和公主。让学生利用这三个关键词来说一个故事。老师会把一个班的同学分成几组。当小组中的一个成员说故事的时候，别的组员负责将故事写下来。故事说完之后，再由其中一个大声地念出来。在这个过程中，说故事的同学也可以再修改自己的故事。随后，别的组员则需要继续将这个故事讲下去，直到所有的人都参与了讲故事。最后学生们自己再来讨论整个故事的逻辑以及合理性等。在这个过程中，老师只是起引导的作用，也并没有所谓的标准答案。学生们通过这种讲故事的方式学习，不仅有很强的参与感，而且锻炼了想象能力、表达能力、书写能力，以及同学之间的合作能力，让学生们在玩乐的过程中就学到很多的知识。

八、分数不重要，尽力就好

虽然芬兰有全国统一的授课内容，但却没有统一的考试。他们把考核的工作完全交给老师。根据芬兰法律，学生的考试分数是保密的，只有老师和家长才有权利知道。

从一年级到四年级的学生，学年末学习成果的评量不是各个科目的具体分数，而是一份由各个科目教师所撰写的学习总报告。在这个总报告中，不仅总结学生各科的学习情况和学习技能，还分析孩子的个性特征、学习态度和与同学相处的情况。这种写报告不评分的方式，不但减轻了年幼孩子的压力，也让家长对孩子在学校的情况有全面的了解。除了学年末的评估外，还有平时的一些测评意见反馈给家长。难怪芬兰的父母对老师非常信任，平时一般不到学校与家长交流，主要是因为通过报告家长已经非常了解孩子在学校的情况了。老师要撰写这样的报告也很不容易，因为这需要平时处处观察和关心学生。五年级之后，开始有了各个科目的评分。评分形式一般以 1～10 分显示，或者是分数和评语并重的方式来呈现。但即使是这些以分数为主的成绩单，也并不会有各科相加之后的总平均分数。

芬兰的老师不重视考试，也不对考试结果进行排名。老师是在教学过程中考核学生的，目的是为了强化学生们对自我的积极认知。芬兰教育看重的不是考试成绩，而是学生付出的努力。对于那些学得慢的学生，老师会有另外的卷子，他可以同样得到 9 分或者 10 分来认可他的努力。在芬兰的制度中，只要学生尽力就足够了。

九、后进生永不言弃

芬兰的基础教育课程大纲中，非常强调要给学生提供一个“不匆忙”（Unhurried）的学习环境。这样，老师不会催促学习慢的同学加紧学习以赶上其他同学，而是让其他同学停下来等待学习慢的同学。学得快的同学也不会很着急地往前赶。老师甚至会根据男孩女孩的差异以及每个人发展程度的差异而制定不一样的学习进程。学习有困难的同学还会得到老师的补救教育。在这种不催促氛围中学习的孩子，不但学习的压力小，而且学得比较扎实。

这种不催促教育的理念还体现在学生在完成 9 年的基础教育之后延期一年学习的情况。如果学生觉得自己的学习还没有达到升学的要求，则可以再在学校待上一年的时间。

芬兰明确规定对学习程度暂时落后的学生应该提供补救教学（remedial teaching）。当发现学生在学习过程中出现困难的时候，老师就应该给学生实行补救教育，并且需要和家长沟通并告诉他们补救教育如何进行。在芬兰人的观念中，学生学习跟不上，不是学生的问题，而是老师的问题，所以需要老师为学生进行额外的辅导。

为后进生进行补救教学主要是由班级教师和教师助理担负。班级教师负责鉴定学习落后的学生，课后进行一对一教学，或是 2 人至 4 人小组教学，解决学生某一科目学习中遇到的具体问题。根据学校作息时间安排，补救教学一般在放学后进行，有时是在课前或是在午餐时间进行。班级教师在正常的课堂教学中也常常组织小组学习和进行补救教学，对学习困难的学生进行重点帮助和辅导。教师助理与数名教师一起工作，他们不是受过专业训练的教师，但一般都接受过至少一年的高等教育。他们在班级教师的指导下工作，上课时坐在学生旁边，对学生解答不出的问题给出答案，学生走神或搞小动作的时候举起小旗提醒学生注意听讲。教师助理不进行班级教学，一般都在班级教师的指导下对学生学习中遇到的一些具体问题进行课外一对一或小组辅导。

在芬兰，学生有权利获得补救教育几乎人人知晓。因此，对于后进的学生，老师不会歧视和不耐烦，同学不会取笑和看不起，家长也不着急。在芬兰生活多年的也禾曾谈到过这方面给她的深刻印象：

我的大儿子在小学二年级时，班里来了一个从苏联解体后分出来的拉脱维亚来的小女孩，由于语言不通，她的学习进度非常慢，导致了全班的学习进度减慢。为此，老师召开家长会，会上班主任讲，在他20年的教书生涯中，这是最落后最难教的一个班。但他表示，他很高兴接受这个挑战，他要和大家一起努力，最终完成教学任务。会后，我看家长们对这件事也没有什么激烈的反应，都表示理解，没有人提出，要这位拉脱维亚的孩子转学，或者将自己的孩子转走的，或者要求学校换老师，以使自己的孩子按照正常教学进度学习。

我看了很感动，因为这件事不仅仅告诉这个拉脱维亚的孩子，我们不会放弃她，给了她学习的信心，更主要的是，其他的孩子学到了人生非常重要的一课：自己遇到困境时，一定不要放弃；而别人遇到困境时，要鼓励他，给他机会，千万不能抛弃他。试想如果每一个人在团队中都受到重视，那他一定会调动潜能努力工作，而不是捣乱。①

这样的环境给孩子提供了一个安全缓慢的环境去慢慢进步。在宽容和没有压力的情形下得到额外的补救教育，那些曾经后进的孩子也非常有可能变成优秀的学生。台湾女子张家倩嫁到芬兰，他的丈夫就给她分享自己这样的情形：

芬兰夫婿告诉我，26年前他就是其中一个需要额外教育资源的小孩。国小三年级时，他还未能正确辨识芬兰语字母，阅读能力明显落后。因此，母语课时间被安排到有助教的特别辅导小组，借由可调整速度的自动翻页机慢慢练习朗读，帮助他提升到基本程度。我很诧异地问他，芬兰语字母也不过29个字，都国小三年级了还分不清楚，不被老师使脸色、被同学取笑？他说，非但没有人嘲笑过他的困难，老师还花更多时间在他身上，同学知道他学得慢，很习惯等他。老师没有特别严厉也没更温柔，除了耐心还是耐心，他的父母甚至还鼓励他慢慢学不要急。“学得慢又怎样？高中毕业的国家资格测验，芬兰语学科测验我还拿到了最高等级。”他自信地说。②

十、特殊教育慎之又慎

上一章提到芬兰对于有特殊需要的学生，会尽量提供环境和机会让这些学生和普通学生一起学习。学校会根据每个学生的不同情况制定不同的个性化学习计划。对于那些不是

① 也禾：《义务教育之义务——芬兰义务教育有感之二》，《内蒙古教育》，2010年11月。

② 张家倩：《看不见的第一，我的芬兰经验》，萧富元等著：《芬兰教育：世界第一的秘密》，台北市：天下杂志，2008年。

残疾而是因为心理或者行为障碍要转入特殊教育的学生，在作决定将学生送去或转去接受特殊教育之前，会有一个很审慎的程序。如果家长没有主动提出将孩子送去接受特殊教育，学校在将孩子送往特殊教育之前需要与家长讨论，给家长一次听证的机会。如果可能的话，会做一个心理或病理测试，或者分析评估其社会背景。

这个工作主要是由多学科工作小组来完成的。多学科综合工作小组，由班级教师、特别需要教师、学校顾问、心理医生、社会工作者和卫生健康工作者及公共住房系统人员等组成，综合小组对有家庭和社会问题及学习问题的儿童提供各种咨询服务和解决方案，处理学校本身无力解决的问题。这样的做法比较人性化，因为有的时候，是否具有心理或行为问题的学生不是很容易分辨。通过咨询父母和作评估测试的方法，减少了将正常孩子送往特殊教育的风险。

十一、全社会关爱

全体芬兰人，上至政府官员，下至普通百姓都非常重视基础教育。在芬兰的社会中，要维持如此平均和高水平的基础教育，需要国家财力的大力支持。芬兰的市民对此非常支持并愿意从财政上给以支持，因为在他们看来，孩子们的教育具有第一位优先的权利。

除了从财政上积极支持，芬兰的政府和社会还从一些具体的事务上对基础教育的学生发展进行支持。比如前面提到那些在教室里面坐不住而需要在实践中去学习的特殊学生，商家会愿意接受这样的孩子到自己的超市、花店、快餐店等地去“上课”。

而八年级和九年级学生的社会实践课也是被社会严肃对待并给予配合的，不会有人觉得这些毛头小孩子什么都不懂只是去玩玩而已。

更让人惊讶的是，赫尔辛基市的市长每年还会邀请该市10周岁的孩子去参加正式的舞会。舞会当天孩子需要跳7种不同的舞蹈，而这些舞蹈正是孩子们在体育课上所学习的。

芬兰的中小学生在成长与学习过程中得到社会各界人士这么多的关爱，真让人羡慕他们的幸福。

第六章

幸福就是轻松高考（普通高中教育）

一、边吃零食边高考

在中国，学习的目的似乎就是为了考试：初中是为了中考；高中是为了高考。高考的分数直接决定了你可以上什么样的大学。2010年，专业调查机构麦可思发布的高考生与家长月度追踪调查报告显示，从全国范围来看，当前有72%的高考生因高考承受“很大”或“较大”压力，其中，考生压力最大的陕西省，此项比例达到了83%。

高考一定要这么紧张地应对吗？芬兰提供了另外一个答案。在芬兰，高考竟然也是非常轻松。北京人大附中特级教师靳光良无意中闯入芬兰的高考考场。考场的轻松、随意让他非常惊讶：

校门口没人把守，我轻松地进入，上了四层楼，也许是参观“顺”了，径直走进了一间大教室。几十个学生埋头写字，在巨大的教堂玻璃窗户的映衬下显得异常恬静漂亮。

我便问随行的校长秘书可不可以拍照，她痛快地答应了。在我连着按了好几张出来之后，秘书小姐向我解释：“今天是我们国家统一的高考日，刚才进去的是高考考场。”

我做梦也没有想到，自己竟然鬼使神差地闯进了芬兰全国高考考场，我甚至还在考场里里外外地转悠、拍照！主人倒是没什么，可是我倒吸一口凉气。这不是扰乱考场秩序吗？在国内，谁进入高考考场，那可是要记录在案的，什么时间、什么地点、什么样的陌生人，谁允许的，进入几号考场、干了什么……想得我一个劲儿地后怕。

我的这种行为要是在国内，考生家长肯定得把我给告了。居然有人私闯高考考场，还私自拍照，干扰我们孩子考试，成绩怎么算？国内的高考每年不都是这样吗？高考时施工都要停，学校大门口都有警察和保安站岗，考场50米以外就拉警戒线。除了有高考工作证的工作人员，本校的老师都不准进入校园，更别说是外国人了！

“那你们其他年级的学生为什么还要上课呢?”我明明看到学校二层三层全是各年级的学生，还能看见有学生在楼道里玩闹。“为什么不上呢？没有影响嘛！”秘书小姐说得很轻巧。

接着，我追问了一连串的问题：全国高考，不是闹着玩的，你们怎么能这么松呀？刚才我进入考场时明明看见学生们没有紧张的神情呀？也没有看到监考老师呀？“高考考场”里学生桌子上面明明放着蛋糕、饼干和各式各样的水瓶……这些东西哪能带进高考的考场呀？

我看她一脸狐疑，便向她解释，这在中国绝对不允许的。学生进考场只能带笔，不能带吃的喝的，甚至任何袋子，如果要用袋子只能用高考办公室统一印制的小型透明的塑料袋。

芬兰高考安排在一天考完。学校不停课，不影响其他学生学习。高考考生甚至可以在考场里面一边答题，一边喝水，吃自己带的食品。还可以使用餐巾纸，中间学生外出上厕所也可以。“监考老师不是没有，是你们没有注意，监考老师坐在学生教室后面，因为距离学生比较远，所以你们没有见到。”她说。

听了秘书小姐的话，我这才稍稍松了一口气。如此高考也太人性化了：芬兰老师司空见惯，芬兰政府也没有任何特殊的规定，高考随着平常上课考，其他学生照常上课，考生可以吃喝自由，实在是相当友善的考试。

这下子我的心终于放下来了。谢天谢地，私闯芬兰高考考场的罪过终于可以被赦免了。

然而我的心情却久久不能平静。人家全国高考就像是一次很平常的测验。既没有家长送孩子，接孩子，也没有警察在大门口站岗。甚至外来的人还可以进高考考场参观、拍照。参考学生不紧张，老师也不恐慌，整个国家就像没这么回事儿似的。①

芬兰的高考考场上，竟然还可以自带食品，而且还允许外来的人员参观和拍照。别的不参加高考的学生也还照常在上课。这样的高考考场，让我们中国这些从高考中走过来的人觉得实在是不可思议。在芬兰，除了高考的氛围轻松之外，他们的考试还非常灵活。

二、高考不是一考定终身

我的高中同学志强是一位学习成绩不错的文科学生。除了数学成绩稍微相对差些，他别的科目成绩都非常不错。老师和同学们原本都以为志强上个重点大学肯定没有什么问题，可是在数学考试的时候，他发挥失常，最后高考总成绩出来的时候他只能上个专科的师范学校。志强拿到成绩的时候很伤心，他考虑是否要再补习一年。但思前想后，他最后还是放弃了，因为他不确定明年的考试情况会如何。他听说补习的学生面临更大的压力，他担心自己也许花了一年的时间来努力学习，甚至有可能比今年考得更差。加上作为一个学业优异的学生，他觉得去补习是一件不太光彩的事情。最后他选择了去上那个师范专科学校。

① 靳光良，《中国青年报》，2007年5月16日。

了解到芬兰的高考制度之后，我就想到了志强的经历。我想如果中国的高考制度也像芬兰一样，志强一定可以轻松地上一个更好的大学。我们看一下芬兰的高考制度安排。

学生修完高中课程之后，会参加全国统一性的大学入学考试。这也是芬兰教育系统中唯一的一次全国性的考试。虽然从形式上看类似我们国家的高考，但是从内容来看，还有很多的不同。其中最大的不同就是不会根据考试的结果直接录取毕业生到任何的高等学府就读。芬兰高考的主要目的是对高中毕业生学习能力的鉴定，与高中学生在校成绩一起作为申请大学入读的参考性指标。

芬兰高考每年在春季和秋季各举行一次。参与会考的学生必须至少参加四个科目的考试。其中唯一必考的是母语（学生在芬兰语、瑞典语、萨米语、吉卜赛语、手语中择一进行），其他三个科目是自选。学生可以从第二官方语言（芬兰语和瑞典语）、外语、数学、综合学科（包括社会科学和自然科学两个类别）中进行选择。

学生在参加考试的时候，可以选择只考一至两门科目，但是学生必须在连续三次的考试中考完一个科目。当然也可以选择一次将所有的科目都考完。另外数学、外语科目的考试分为初级和高级，第二官方语言科目的考试则分为中级和高级两种。学生在考数学、外语和第二官方语言的时候，必须选择至少考一门高级层次。对于那些通过入学考试的学生，如果想要提高自己的成绩，除了综合学科（可以重考两次），每门课程还允许在以后的连续三次考试中重考一次。成绩会以考得比较好的为准，之前的成绩不会被记录在册。当然，学生也可以选择参加超过四个科目的入学考试，这由学生自身的能力和兴趣而定。据统计，芬兰有94%左右的普通高中学生可以通过全国统一的高中毕业考试。

学生大学入学考试的科目选取主要由自己想要申请的大学就读的科系来决定。要读医科和理工科，高级数学是必考的科目；如果要念文科方面的科系，则一般只需要考基础数学，甚至不用考数学。

当学生通过必考的科目之后，将会得到一个“大学入学考试证书”。在这个证书中注明有学生考试科目及其等级。一共有7个等级，分别为：L（7）、E（6）、M（5）、C（4）、N（3）、A（2）、I（0）。L为最高等级。

从芬兰高考的制度安排中可以看出，芬兰的高考是非常灵活和富有弹性的。它不但让学生可以灵活地选择考试科目，而且考试时间也很灵活，可以多次进行。更重要的是，它还给那些已经通过考试但是还想继续进步的同学以提高成绩的机会。另外，大学的入学成绩还参考高中平时的成绩。芬兰高中学生能够拥有这样灵活的大学入学考试，实在是非常幸福。

回到我的同学志强的事例，如果他是在芬兰参加高考，那么他可以选择重新考一次数学。因为芬兰有一年两次的高考。另外，他也可以选择初级数学而不是高级数学来考，所以他有半年的时间来专心复习数学。我想凭他的数学基础，一定可以考一个好的分数。这样，志强只需要多花上一点时间，加上他平时优秀的成绩，一定可以上一个很好的大学。

三、这里没有中考

在中国，初中的学生进入高中是根据中考的成绩而定，因此，初中学生也面临着很大的学习压力。在芬兰，高中的入学是根据基础教育阶段的平时成绩来录取的。这样就大大减少了在综合学校学习的压力。与中国的初中学生相比，芬兰的学生很幸福。

芬兰的高中分为普通高中和职业高中。完成基础教育基本要求的学生，都可以申请这两类高中。在完成基础教育之后，绝大部分的学生都会进入这两类高中入读。2006 年平均有 54.5%的学生会选择普通高中入读，有 37.5%的学生会选择职业高中入读。至于学生选择哪一类的高中入读，主要是看学生的基础教育阶段的学习成绩和个人兴趣。在选择这两条不同的道路时，老师和家长会给予学生这方面的辅导和咨询服务，但最后如何选择则主要是由学生自主决定。

学生如何进入普通高中呢？在基础教育阶段结束之后，并没有一个统一的会考，所以高中入学是以基础教育阶段最后的在校成绩为主，有些特色高中入学时会增加面试。芬兰一共有 450 所普通高中，如果申请的学生超出学校所能容纳的人数，学校就会在学习成绩的基础上进行挑选。除了一般高中，芬兰也有部分高中是以体育、音乐、艺术或者语言等课程为主，在入学时，这些特色高中除了参考基础教育学生最后的成绩之外，还会对这些专长有所要求。另外，一般的高中也有数理组、艺术组、音乐组和体育组的特长班。

多数高中采取联合申请的方式，但有些条件相对比较好的高中则只给将他们学校放在前三个志愿的学生以面试的机会。一般中学毕业生成绩达到一定的标准，比如总平均分 7 分以上，经联合申请程序，就有机会进入自己所在的学区或者附近的高中就读。也有少数好的高中要求申请人的总平均分达到 9 分，但并不是所有成绩好的学生都会选择跨区域或特别挑选高中去读。因为虽然不可否认高中学校之间存在着教育水平的差异，但是因为芬兰教育中对于平等化的追求和制度设计，差异并不是很大，所以学生在基础教育阶段的学习并没有一定要读某所高中的压力。同样，老师和学校也不会将学校中有多少学生升入某一类的学校作为他们成绩的标准。

四、无年级高中：新生、老生同堂

芬兰的高中学生不分年级按照课程进行上课。不但可供选择的课程很多，而且可以自由地选择是两年、三年还是四年完成高中课程。学生的学习成绩除了书面考试之外，还参照教师对学生学习进展情况的连续观察、对学生作品的评价以及学生对自己所作的自我评价。更让人惊讶的是，学生若对自己的考试成绩不满意，还可以要求重考。芬兰学生在如此灵活的高中体制下学习，真是非常幸福。

高中教育的角色是为了给学生提供广泛的学习机会（所以芬兰的高中不存在文理分科的情形），因此应该使学生有足够的能力来应对社会和环境的挑战，让他们学会从各个不同的角度来分析和处理问题，还必须引导学生成为社会和工作生活中的负责任、讲义务的公民，还应该支持学生的正面成长和自我认知的发展，以便让他们养成终身学习和持续性自我发展的习惯。芬兰高中教育要体现的基本价值有七个方面。一是珍视、评估和发展自身的文化传统；二是宽容的品格和国际合作的精神；三是尊重生命和人权；四是追求真理、良善和正义；五是提升民主、平等以及人类的福祉；六是学生为学习的主体，强调学生在学习过程中的主动性、独立性以及合作能力和诚实的品质；七是强调突出可持续发展的原则。

各国通用的高中上课方式是以不同年级来进行划分，而且很多的高中还会根据文科理科的不同进行差别化教学。芬兰高中的上课方式可谓独树一帜，不但没有文理分科，而且不分年级进行上课，亦称“无年级高中”。学习以课程为导向进行，所以，芬兰的高中没有我们所熟悉的固定班级同学一起上课的情况，不同的课程上课的同学都会不一样。

芬兰的教育也是一个改革的结果。自1960年代开始，芬兰全国基础教育事务委员会（后改为现在的芬兰全国教育事务委员会）开始对高中教育体制进行改革。70年代初，芬兰的教育专家考察了德国的成人夜校，发现成人夜校将高中科目分成不同的课程的教学方式大受学生们的欢迎，芬兰的教育专家们决定把这种教学模式引进到芬兰的普通高中。首先开始在芬兰各个由高中学校为成人所开办的夜校里进行这一新的教学模式的试点。由于其授课形式灵活机动和强调以学生为主的主动学习的特点，并且课程设置得富有创新性和实用性，所以收到了良好的教学效果。随后，这种教学模式开始引进到一些正规高中的教学当中进行进一步的实验。

1980年代至1990年代初，是芬兰高科技产业迅猛发展的时期。社会的发展要求学校能够培养出更多高水平、具有创新性和综合素质较高的人才。为了应对芬兰社会变迁对中等教育的挑战，芬兰开始把“不分年级制”的教学模式推行到更多的高中。1989～1990学年度，有11所普通教育高中和6所体育专科学校参加试点工作。试点工作在1993～1994学年度结束，之后芬兰政府再根据试点的情况确定是否采取这种不分年级的教学模式。根据试点学校在“不分年级制”的教学模式中所取得的经验和教训，对整个高中课程体系、课程设置、课程结构和内容进行了大刀阔斧的改革和调整。

由于看到“不分年级制”显著的教学效果，1999 年 1 月 1 日，芬兰颁布的《高中教育法案》明确规定所有的芬兰高中都要采纳“不分年级制”的教学模式。从此以后，以“不分年级制”为核心、旨在提高学生综合素质和主动学习能力的芬兰高中教育改革实践正式在芬兰全国范围内进行推广。

那么，无年级高中到底是如何上课的呢？

每门学科按内容的数量和难度分为数量不同的若干课程。一个课程平均为 38 节课，每节课 45 分钟。每一个学年并不再像传统学制那样划分为上、下两个学期，而是分为 5～6 个学段。每个学段包括 6～7 个星期，各学段的最后一周为考试周。学生在一个学段最多可以选择 8 个学程。这意味着一个学程每周有 6～8 节课，学生几乎每天都能接触该学段选定的课程。学段制使课程设置相对集中，较好地解决了一些课程授课的时间太长易于遗忘的问题，教师也便于集中精力，同时学生也可以在较短的时间里把课程学得更透彻一些。新学年开始时，学校发给学生每人一本课程设置手册，里面有本学年开设课程明细表，其中有对课程的总体介绍、课程设置、各科详情、任课教师、选修必备前提条件等，同时将手册全部内容公布在校园网上，以便学生随时查询。选课方式简便易学，学生只需在校园网相应的科目栏内输入自己的学号即可。选修同一门课程的学生可以是刚进校的新生，也可以是即将毕业的高年级学生。经过特殊申请，学生还可以不来上课，通过自学、定期完成课程作业并参加考试来获得学分。学校还鼓励一些成绩突出或有特殊专长的学生根据学校与大学间的协议，选修大学课程或利用大学的教学、实验设备进行研究工作，其学习结果计入高中学分，大学日后予以承认。如罗素高中2000年共有600多名学生，其中有90人选修了赫尔辛基大学的化学课程。因为高中学生的学习是以课程为导向，所以修完了课程的学生就可以从学校毕业，学生可以根据自身智力、学习基础、学习计划进展和学习兴趣等情况，决定用两年、三年或四年完成高中教育。这样，芬兰原来固定的三年制高中被改变为灵活性的2～4年学制。例如，罗素高中每年都有1～2名学生两年完成高中学业，也有几名学生需要四年才能毕业。虽然说大部分的学生都是在三年内完成课程，但这种弹性学制不但为优秀的学生提供了加快学习进程的机会，而且也为进度落后的同学提供了放慢脚步的空间。这样，高中里面学生就不会因为留级或者补习一年而被贴上标签。

五、教育咨询保驾护航

芬兰以课程导向的无年级高中制给学生主动和自主学习提供了很大的空间，但是或许有人会担心学生能否善用这些主动权，学生会不会因为缺乏经验和足够的成熟度来制定学习方案而耽误学习。其实，芬兰无年级高中制度能够运行得顺畅和有效，与学校完善的为学生服务的制度密切相关。

芬兰高中实施不分年级制以后，学校增设了教导咨询办公室，建立了学生顾问制度、辅导员制度和学生自我管理制度，通过这三种制度实现对学生的道德品质及社会知识教育，并进行有效管理。

学生顾问制度：各个学校都有专业的学生顾问，其主要工作就是解答学生学习和生活中遇到的问题。学生顾问必须对学校管理、课程教学、学生学习情况有着全面的了解，以此为基础来指导学生选修课程和制定适合自己的学习计划和课程表。在学习过程中，学生顾问负责对学生的学习方法进行指导，帮助学生克服学习中的困难。在毕业前，学生顾问负责指导学生如何圆满完成学业，而且要配合家长、职业心理顾问等对学生未来择业或继续深造等问题提供咨询。

除此之外，学生顾问的工作还包括帮助学生解决生活中可能遇到的几乎所有问题，其中包括对学生心理问题的咨询服务。每个学生都可以就任何学习中的问题或学校里的日常小事约见学生顾问。芬兰各高中学校非常重视学生咨询工作，比如罗素中学的校长和副校长还亲自担任兼职学生顾问。

另外，为了帮助学生提升学习技能及解决职业选择的困惑，在高中阶段，还有一个必修的教育与职业辅导课程。由在大学受过教育与职业咨询培训的专职老师上课。咨询范围包括学习技能、自我认识、职业教育和未来工作等。如果有需要，学生可以得到心理问题、生活困难等个别指导。学生顾问还指导每学年一周的劳动课。劳动课一般是到餐馆、商店或者企业实习，目的是帮助培养学生走向社会的自立能力和熟悉实际情形的职业工作环境及工作内容，以便为未来的职业选择打下坚实的基础。

辅导员制度：学生入学时不分年级，但学生被分成约25个人的小组，每组都有指定的辅导员。辅导员由学校教师担任，主要负责学生的日常行政事务，组织每星期一次的例会，向学生传达学校的教学计划，安排集体活动，解决学生日常生活中遇到的问题。辅导员行政上接受专业学生顾问的领导，具体执行学校及学生顾问对全校工作做出的计划和安排。

学生自我管理制度：一些品学兼优的学生入学第二年之后可以报名担任新入学同学的小导师。经过选拔后担任新生辅导员工作的小导师，负责协助学生顾问和辅导员为学生提供咨询服务。他们通过自身在制定学习计划、选择科目以及未来工作和职业的选择等经验，为新生提供咨询服务，帮助他们尽快适应高中学习生活，增加他们对“不分年级制”的了解，并指导他们的选课和学习计划的制定等等。

当学生辅导员毕业时，学校还会向担任过辅导员的学生颁发证明其工作经历的辅导员证书。学生辅导员在高中是一个很受人欢迎和尊重的工作。不过学生辅导员可不像我们熟悉的有特权的班干部，他们的工作主要是服务性的。在工作过程中，由于学生辅导员的工作针对性强，不但对新生帮助很大，而且有利于学校对学生的有效管理，同时还锻炼了他们在组织管理、责任感和协作精神等方面的能力。

除了学生辅导员之外，高中学校也有学生会组织。学生会领导成员经过候选人之间竞选，由全校学生民主选举产生。学生会有自己的组织机构，自办校园期刊，主要工作是向校方反映学生意见和呼声，根据学生意愿组织集体活动，并配合学校加强对学生的管理等。

此外，学生中还可以派两名学生代表参加学校董事会议和全体教师会议，以加强学生与校方管理层和老师之间的交流与沟通，使学生的荣誉感、责任感、集体意识和参与意识得到加强。

可以说，学生顾问制度、辅导员制度以及学生自我管理制度是芬兰无年级高中顺利进行的有力保障。

六、评估核心是展现进步

1998年芬兰的《普通高中法案》规定对高中学生进行评估的目的是引导、鼓励他们的学习和发展他们自我评价的技能。并且规定对高中学生的学习和工作应该进行多样化而不是单一的评估。因此，芬兰的课程评价的目的不是为了对学生进行甄别和选拔，而是要尽力展现学生的进步，促进学生的学习以及唤起学生对学习的兴趣和信心。通过对学生的评估，让家长、学校、未来上学的机构、未来工作的雇主都更加了解学生的情况。

同时，该法案还规定以打分的方式对学生进行评估只是方法之一。评估还会以正面积极的方式鼓励学生设定并调整自己的目标。因此，评估学生的标准也会考量学生自我管理、自我调节、自我评价、自我发展方面的能力，促使学生能自己设立学习目标，并根据目标设定的不同及时调整自己的学习方法，顺利完成各学科课程的学习，达到掌握并应用知识的要求。

每门课程的评分标准在每学期上课之前就会通知学生，并且这些评分细则也需要和学生讨论并得到学生的同意。大致说来，芬兰高中多样化的课程评估标准主要有四个方面：书面考试，教师对学生学习进展情况的连续观察，对学生作品的评价，课程结束时的评价讨论（学生对自己所作的自我评价）。这种多样化的评估方式与只注重书面考试评分的形式相比更为人性化，也更加能够综合全面和准确地评估学生的水平。芬兰高中学生评估标准一共有7个层次：4分（不及格）、5分（及格）、6分（满意）、7分（较好）、8分（好）、9分（很好）、10分（优秀）。如果学生获得的评分为不及格，学校则必须给学生机会参加另一次补考或其他某种评价。至于那些已通过考试，但得分不高而又希望再有所提高的学生，由各学校自己决定是否给这些学生更多的机会以提高其评价成绩。一般来说，学校都会给以这样的机会，并且之前考得较差的成绩不会被记录。这种给人机会以进步的行事方式也是芬兰基础教育中“不让一人掉队”原则的延续。

第七章

职高不比普高差

（职业高中教育）

一、世界职教之都

长期以来，高中段的普通教育和职业教育从一开始便是相互独立的两个体系，代表着不同阶层的教育需求，承载着不同的教育目标，因此也决定了两者的对立性和排他性。但随着时代的发展，教育的功能逐步多样化，普通教育和职业教育的均衡化是大势所趋，不同类型的教育职责正在趋向融合和统一。芬兰的职业教育也是在改革的过程中，逐步做到了普通高中和职业高中升学路径的统一和融合。

芬兰职业教育的历史可以追溯到几个世纪以前，当时芬兰出现了编织学校、纺织学校等各种类型的手工艺学校，这些是芬兰今天职业学校的雏形。而芬兰中等职业教育的真正发展是从 19 世纪开始的。1869 年，芬兰成立了国家教育服务委员会（National Board of Educational Services），把职业教育的管理权从教会移交到政府手中。1917 年芬兰宣布独立之后更是大力普及和发展教育。1919 年芬兰颁布的宪法要求国家必须制定法律来保障全民免费的义务教育，同时还规定政府必须提供职业教育。之后，芬兰的职业教育得到了长足的发展，其发展大致可分为以下三个时期：

（1）1965 年以前。在这一时期内，主要采用职业培训的方式进行职业教育。培训主要针对具体职业，由专门的职业培训机构在工业、林业、运输等部门的帮助下，培养一批熟练的劳动力以满足当时工商业快速发展对人才的需要。

（2）1965～1987 年。这一时期是芬兰职业教育实行结构调整和大力改革的时期。这个阶段芬兰的主导理念是平等和经济发展。教育的发展与建设福利国家密切相连。为此，芬兰政府强化了教育的行政管理。在职业教育方面，芬兰在教育部之外又成立了国家职业教育委员会（NBVE），负责所有职业教育行政管理，以及课程的内容和结构、教学方法评价、学生入学和升级、资源的利用等职业教育机构内部事务的管理，还包括职业教育机构资金的分配。

1975 年，芬兰制定了《扩大发展中地区的职业教育法》，政府通过增加对发展中地区职业教育的投入，扩大职业教育规模，推动高中教育的快速普及。1978 年，芬兰议会通过《中等教育发展法》，把职业学校作为中等教育的一部分。要求按社会和劳动力市场的需要不断更新职业教育的内容，使职业教育的体系结构与经济发展密切相连。

1983 年，芬兰通过颁布法律的形式对职业学校投资体系进行改革。根据法律，国家和地方当局对职业学校的投资开始按比例进行。1987 年，芬兰对职业教育的立法做了全面修改，把曾经对职业教育起过指导作用且经过修改的零散的规定和条文统一收集到职业机构大法中。改革后，职业学校、教师以及学生的地位都得到提高。职业学校除了向年轻人提供基础职业教育外，还承担了成年人的职业教育和劳动市场服务工作的任务。

（3）1988 年至今。1990 年代以来，芬兰的职业教育遇到了一些问题，例如，职业高中学校的学生辍学率较高；因为职业高中教育与普通高中教育和高等教育沟通不畅，导致职业高中教育对青年的吸引力不强；职业高中教育培养的人才不能满足社会和工商业发展的需要等。由于这些问题的出现，芬兰又开始酝酿职业教育改革，以便适应社会的发展和推动科技的进步。这一时期的职业教育改革围绕两个方面进行：一是建立新型综合性技术学院，二是实现职业教育与普通教育的融合。

1991年芬兰通过《中等和高等职业教育法》，决定在全国范围内建立高等职业院校。1998年出台《职业教育和培训法案》，特别规定了职业教育的行政管理和财政管理要求。芬兰政府于1995年颁布《综合技术学院法》，将原有的高中和职业教育机构合并升格，经过一定的试验期，形成以综合性技术学院为主的各种职业技术学院。这标志着芬兰高等教育阶段开始实行双轨制。职业高中和普通高中的学生毕业之后都可以申请入读综合性大学和综合技术学院。入读综合性技术学院的学生毕业之后也可在综合性大学继续入读。另外，还在职业教育领域采取职业资格证书、绩效本位的教育投入以及引进企业本位的学生评价方式。这些改革措施大力地促进了芬兰职业教育的发展，并逐步改变了人们对职业教育的歧视心理，使得职业技术教育更加具有吸引力。

通过芬兰政府对职业教育改革的努力，芬兰的职业教育不但促进了芬兰的经济发展，而且使芬兰成为职业教育的"首都"，是各国职业教育改革与发展学习的对象。

2005年第38届世界技能大赛在芬兰首都赫尔辛基举行。该赛事的宗旨是通过各种劳动技能的竞赛，展示参赛国在职业教育领域的成果。主办国芬兰派出的由44名中等职业学校学生和年轻技工组成的代表队，最终获得25枚奖牌。出席活动的负责教育事务的欧盟委员会委员约·菲格尔对大赛的成功举办表示了祝贺，他说："许多调查显示，芬兰的教育水平非常之高。在这场比赛开始之日，芬兰已变成世界职业教育的'首都'。"

二、读职高或普高，学生说了算

从天性上来说，人与人所具有的禀赋有所不同，社会也是因为有这样的不同而变得丰富多彩。大体来说，人的天赋可以分为两类。有的人长于思考、计划，而有的人长于动手、实践。适合前者做的工作是学术型与管理型，而适合于后者所做的工作是技能型和应用性。前者并不比后者高贵而具有优越性，只是“术业有专攻”而已。俗话说，“三百六十行，行行出状元”就是这样的意思。一个理想的社会，就是人人发现自己的天赋并找到适合自己的职业的社会。

芬兰的教育有类似于这样的理想。在芬兰，没有只认大学学历而轻视职业教育的观念，芬兰政府和社会都非常重视职业教育和培训。芬兰的学生在综合学校不但有发展学生动手能力的音乐课、体育课、视觉艺术课、工艺课、家庭经济学课以及社会实践课，而且专门有教育与职业辅导课程给学生提供未来职业选择的辅导，以帮助学生找到未来更适合他的升学道路和职业道路。

像在前面的章节中指出的那样，功课相对落后的芬兰学生在综合学校不但不会遭到老师和同学的嘲笑和歧视，相反他们可以得到更多的帮助和理解。这样，那些在综合学校成绩不好的芬兰学生不会像中国那些成绩不好的初中学生一样，有着很强的自卑心理和学习压力。这些学生通过老师的补救教育，都能够具备升读高中的能力。而且芬兰综合学校没有挑选进入普通高中和职业高中的考试，所有的毕业生都有资格申请进入这两类高中。

对于综合学校毕业生是选择进入普通高中还是职业高中的决定，虽然家长和老师会对学生的选择提供咨询和指导，但最后则是由学生来决定，家长和老师也完全尊重学生个人的选择。因此，芬兰学生入读职业高中还是普通高中，并不像中国学生那样，完全按照学习成绩而不是个人的兴趣进行选择。这样，进入普通高中的学生没有来自家长、老师以及同辈之间的社会压力，个人也不存在着低人一等的自卑心理。即使有些入读职业高中的学生学习成绩相对落后，但是经过补救教育，他们仍然能够跟得上职业高中的文化课程学习。

芬兰的职高生能够获得免费且高质量的职业教育。学习的主要内容是专业课和实践课，公共基础课只占 1/6。芬兰职业高中教师的素质很高，老师们均具有硕士以上的学历，还具有专业实践经验和修读了教育学的专门课程。专业课程的设置和学习跟得上社会的要求，与劳动力市场的需求和要求紧密联系。

芬兰职高生在毕业的时候通过考核和测验，就可以拿到能直接上岗的职业资格证书。而且如果不想在学校待的时间过长，年满 15 岁的学生还可以选择以学徒制的形式来完成职业高中的学习。另外，在职业高中的学生，还有出国去学习的机会。职业高中的学生也可以选修普通高中的课程之后参加大学的入学考试。而且即使不参加大学入学考试，也可以凭借职业高中的职业资格证书申请入读普通大学和综合性技术学院。

与中国的职高生相比，芬兰的职高生真是太幸福了。

三、职高与普高比翼双飞

在各国基本完成义务教育发展的今天，普通教育和职业教育的均衡化将成为提高“后义务教育”阶段入学率和教育质量的关键因素。

芬兰较早地认识到发展职业高中教育对经济和社会发展的重要性。在芬兰高中教育改革初期，芬兰曾试图通过控制普通高中学生的入学率来推进职业教育的发展。1981 年，芬兰教育部设定了“将普通高中的教育人数控制在高中段入学总人数的 1/3”的教育目标，但这个政策很快失败。至 1988 年，普通高中的入学人数已占总人数的 55%，之后普通高中的入学率一直超过 50%。如表 1 所示，2003～2006 年，普通高中的入学率有所下降，职业高中的入学率有所上升，这与芬兰在职业高中教育阶段的不断努力和改革有很大的关系。从表 1 可以发现，自 2000 年以来，综合学校学生整体升学率和职业教育所占比例都呈现小幅上升的态势。在升学率 2% 的增长中，普通高中教育的贡献率为 40%，职业教育的贡献率为 60%。这与芬兰政府对职业教育改革与发展做出的努力有很大关系。

表 1　芬兰 2000、2003、2006 年基础教育学生升学率

	2000	2003	2006
综合学校整体升学率	93%	94.5%	95%
普高升学率	53.7%	55.1%	54.5%
职高升学率	36.3%	37%	37.5%
十年级学生	3%	2.4%	3%

学生在学习职业教育课程的同时，也可以选修普通高中的课程。他们也可以完成普通高中教学大纲所有内容的学习，取得两个毕业证书之后参加普通高中学生的大学入学考

试。原则上，职业高中学生与普通高中学生具有同等的大学录取资格。职业资格证书就是进入普通大学和综合性技术学院的通行证。为了使中等职业学校的学生能升入普通大学接受高等教育，芬兰教育部采取措施，鼓励中职学生选修普通高中的内容，参加大学录取考试，进入普通大学接受教育。教育部的目标是10%的普通大学学生来自职业高中。在实践中，大约有3%的普通大学学生来自职业高中。

四、课程设置勇立世界潮头

据统计，芬兰有300所左右职业高中，这些职业高中有20多种类型。例如，有普通职业学校、旅游饭店学校、商业学校、家政与公共经济学校、美术学校、手工艺与实用艺术学校、技工学校、森林和木材加工学校、农业学校、航海学校、社会公益服务学校、卫生学校、警察学校、保安学校、民俗学校、音乐学校、体育学校、图书职业学校等。中等职业教育学生人数总体比较稳定，每年在校生约有14.6万。学生分布在每个职业群的人数不等，技术和运输占36%，商业与管理占19%，健康和社会服务占17%，旅游、餐饮和家政占13%，文化教育占7%，自然资源与环境科学占6%，休闲和体育占2%。

根据芬兰全国委员会之规定，芬兰职业教育与培训的目标为：改进工作技能，适应世界潮流所需之技能，满足芬兰劳动力市场之需求，支持并促成终身教育体制的建立。芬兰政府颁布的《国家核心课程大纲》要求所有中等职业教育的教学领域都要注重基本能力、核心能力和公共基础能力这三种能力的培养。其中基本能力主要为：可持续发展能力、科技和信息技术的应用能力、创业能力、服务和客户协调能力。核心能力注重学习能力、解决问题的能力、交流和合作的能力等。公共基础能力则是指学生继续发展他们在基础教育中所学课程的知识和能力，例如母语、第二官方语言和外语、数学和自然科学等学科的学习。

芬兰政府向全日制的职业高中学生提供免费教育，其免费的范围包括学生的学杂费、在岗实习期间的午餐费及在校就读期间的住宿费用。另外，政府还以学生财政救助项目、以助学金和贷款的形式对全日制学生进行财政支持。申请学生财政资助的条件非常简单，只要符合全日制学习、学业成绩进步和经济困难等条件即可。

职业高中的学习是以国家基本教学大纲为基础，学制为3年。与普通高中一样以课程为导向，学生需修满120个课程，每个课程为40个小时。课程设置由职业课程、公共基础课程和选修课程组成。其中90个为职业课程，具体包括专业基础课程为20～40个（由于专业和职业资格证书要求的不同），专业课程20～60个，在岗培训课程20个。有20个公共基础课程是必修的，包括母语、第二官方语言、外语、数学、物理、化学、社会学、体育、健康教育、职业与生活指导、艺术以及文化活动等。另外还有10个选修课程，学生可以在职业课程、公共基础课程或普通高中的课程中任意选修。职业高中学生有1/4的时间学习必修课程和选修课程。此外，课程设置还包括至少2个学分的专业设计项目。

在职业高中的课程设置中，比较有特色的是在岗培训课程、技能的演示课程和创业培训课程。

在岗培训课程是在车间进行的，由企业和教师一起对学生进行指导、管理和监督，学生要学习职业资格证书所要求的一些必备的职业实践技能，为期 6 个月。长期以来，芬兰的职业教育是学校本位的。在教学内容方面采取全国统一的核心课程模式，各地则在核心内容的基础上依据本地具体情况再制定适合学校的校本教学计划。课程内容虽然也有实践教学部分，但基本上都是在学校里进行的。因此，学校本位的教学内容和学习方式与实际的职业实践及需要相去甚远。为提高毕业生的职业能力，促进学校教育与企业实践的结合，芬兰教育部在“欧洲社会基金会”的经费支持下专门设立了一个改革委员会，从 1996 年到 2001 年开展名为“构建职业教育通往就业世界的桥梁”的典型实验。2001 年初，芬兰教育部在总结典型实验的基础上开始进行职业教育改革：将职业高中的学制统一为 3 年，并开始实行在岗培训。

另外，芬兰职业高中引进本是成人职业教育所使用技能的演示课程，对芬兰的职业教育发展具有深远的影响。教育部、国家教育董事会和其他社会合作伙伴共同调查研究技能演示的模式，并于 2006 年把技能演示学习项目引入到中等职业教育课程和职业资格证书认证当中。

芬兰职业高中的创业培训课程也非常有特色。芬兰政府颁布的职业高中教育国家核心课程对学生提出了要具备创业能力的要求。培养创业能力的目的是引导学生成为一个活跃的、有自信心和责任心并能灵活应变的技工，一个能够自主就业的人和能自主创业的企业家，并能够意识到工作的价值意义。2004 年管理创业教育的部门把创业教育科目叫做创业与商业，一共有 20 个课程，其主要应用的领域包括文化、美发、健康与社会服务、商业与行政、旅游、餐饮和家政等。

五、教学方式国际化

早在 1980 年代芬兰就确立了职业教育国际化的发展目标，并把它作为一项重要的国家教育政策确立下来。为此，除了在职业高中教育中注重语言、交际技巧、宽容、国际文化知识和通识教育等方面有利于学生国际化的教学之外，芬兰政府还专门投资开发项目来加强对外国文化知识的学习，并拓展和加强选择多种语言的学习。职业高中还积极地为国际学生和本国学生提供以英语为教学语言的课程项目。在师资培养和培训方面，芬兰积极与国外联合培养职业教育师资和开展教师在职培训工作。芬兰职业高中国际化最重要的项目是国际交换项目（主要是欧盟成员国之间的交换活动）。该项目主要为在欧盟各国的职业高中进行教师互换培养以及学生互换学习。2003 年，芬兰大约有 4500 个职业高中学生和 1880 位教师参与国际交换项目。通过这个项目，也有 2200 个外国职业高中的学生和 850 位教师来芬兰进行培训和交流。

芬兰开展职业高中的师生交流合作不但提升了职业教育的水平，也提高了职业高中学生和老师的地位，让职业高中教育对于年轻人更具有吸引力。更重要的是，开展国际交换合作还确保学生能获得日益国际化的劳动市场和多元化社会所需要的知识和技能。

六、学习方式多样化

芬兰职业高中学生的学习方式十分灵活。在专业理论课方面，除了传统的课堂学习之外，学生还可以通过电脑进行远程学习和以学徒制的方式学习。有时，理论课和实践课是在车间、实验室、教学餐馆等教学场所同时进行的。学生一边学习理论，一边进行实践操作，使理论课和实践课融为一体。在学习中，学生还常常通过完成项目工程、撰写报告、团队任务、学习日志以及论文写作等方式学习。

其中学徒制是芬兰职业高中教育的一大特色。学徒培训是指教育实施者、被雇佣者和雇佣者共同签订定期就业协议后的培训。被雇佣者必须年满 15 岁。

长期以来，芬兰拥有一套比较完整的学徒制度。年轻人通过若干年的学徒生涯，可以掌握某一行业的实际技能并取得这一行业的就业资格。学徒期间，也可以得到少量的薪水。不过原来的学徒制度仍然沿用师傅带徒弟的传统方法，形成了重实践轻理论的弊端。为了克服这个弊端，政府要求加强学徒的理论知识学习。除了在现场跟随师傅以外，学徒还必须进入职业高中或其他职业培训机构学习 2～9 周的理论课程。教育部为 26 个行业分别建立了专门的教育委员会，由来自就业组织、职业教育委员会和职业学校的代表组成，负责制定学徒培训课程计划和实施资格考试。

学徒制培训注重在岗培训，主要强调通过工作进行学习，结合理论和实践学习。70％～80％的时间用于培训场所的学习，培训由企业中的培训指导者在工作环境下进行，理论学习主要由职业教育机构来负责。学徒培训期间，雇主付给学徒工资，工资数额通常是正式技工工资的 80％。学徒工的合同中规定培训期限、培训内容和学徒工的工作等。学徒工的评定等级分为三级：优秀、良好和合格，主要依据理论和学徒方面的表现。学徒毕业时获得培训证书和资格证书两种证书。2004 年在芬兰职业高中参与学徒制培训、以学历为导向的学生达 18000 人，而接受进一步培训、非学历导向的达 29500 人。相比之下，参与学徒制培训的大多为成年人，青年人则更倾向于选择基于学校的培训。

七、评估方式职业化

职业资格证书体系是芬兰 1994 年开发建立的。芬兰教育部负责制定职业资格证书的结构，而国家教育委员会负责其标准的制定。职业资格证书体系由初级职业资格证书、高级职业资格证书和专业职业资格证书组成。初级职业资格证书主要针对参加职业教育学习的青年学生，高级职业资格证书和专业职业资格证书针对有熟练的专业技能和实际工作能力的人。这三种资格证书是教育部以法令的形式颁布的，由专门的教育与培训委员会监督和管理。

雇佣单位挑选人才时也越来越看重职业资格证书，这使芬兰中等职业教育面临极大的挑战。为了迎接这一挑战，芬兰国会于 1995 年通过了《1995～2000 年教育与研究计划》，决定把职业资格证书引入到中等职业教育当中。1999～2001 年，教育部联合产业界代表又对中等职业教育的职业资格证书进行了改革。改革的基本理念是把教育和工作紧密联系起来，确保教育质量。改革后的职业资格证书是指在完成基础教育大纲要求的 3 年职业教育课程学习后所获得的一种认证资格，以能力本位的教育思想为指导。《职业高中国家核心课程》和《能力本位资格证书要求》为职业资格证书所要求的职业能力制定了标准。

目前，芬兰中等职业教育有 53 种职业资格证书和 119 个学习课程项目。职业资格认证几乎囊括了所有工作和生活领域，可划分为七大类：文化教育，商业与管理，技术和运输，自然资源与环境科学，健康和社会服务，旅游、餐饮和家政，休闲和体育等。

普通高中学生完成了两年到两年半的学习后参加职业学习，也可取得此类职业资格证书。职业资格证书为学生提供了去普通大学和综合性技术学院继续深造的资格，也为学生提供了结束高中教育后进入职业生活的专业技能资格认证。为了保证职业高中的教育质量，从2001年起，职业资格证书的技能考试由教育机构会同工商企业或其他行业的代表合作设计，以检查学生获得职业证书应该具备的技能。这些综合技能考试的项目涵盖工业、商业和其他工作生活领域。

职业资格证书的考核于2006年又引入了技能演示项目。其具体做法是：根据学校所开设的课程内容，在学生参加真实的与课程有关的劳动岗位培训后，由学校及培训企业共同对学生进行考核，重点测试学生是否已达到课程所确定的职业能力目标，然后根据学生的实际能力出具相关的能力评价证书。根据技能演示的具体要求，芬兰中等职业学校的技能演示活动将有组织地在工作车间举行，由授课老师和企业代表共同设计演示方案并评估结果。要取得职业资格证书，其基本条件是完成基础教育大纲所要求的内容。技能演示的目的是评定学生是否已达到专业课程学习的标准。

职业技能演示课程在真实环境中的演练增加了职业教育与产业运行的一致性，帮助学生从学习过渡到工作，使对学生实践能力的评估更加规范，并为职业教育的效果、课程设置、教学安排、课后指导等提供了评估与反馈的具体数据。技能演示列入职业学校的必修课中，大大缩短了教学与实践之间的距离。企业和用人单位直接参加到职业资格证书的制定与评价中，提高了证书的可信度和可靠性，因而受到职业学校和企业界的普遍欢迎。学生通过对自己在真实职业情境中培训效果的评价，对自己的学习成果与不足有较全面的了解，激发了主动学习的动机，也明确了提高和开发自己职业能力的方向。

第八章

学习是人生马拉松（成人教育）

一、干中学，很幸福

我们对高尔基的名言耳熟能详：工作着是美丽的。移植到本书，我们说：能在工作中学习是很幸福的。芬兰人就全民化地享受着这种幸福。芬兰的成人教育和终身学习的理念与实践，为我们印证着这句话。

（一）工作满意，生活才满意

工作，几乎占据了我们生命中 1/3 的时间。生活幸福不幸福，和对工作是否满意密切相关。

找一份什么样的工作才能够让人觉得满意和幸福呢？是高薪的工作吗？可是我们不难发现身边有好多高薪的人生活得并不幸福。我的一位朋友林小姐在广州一家 500 强的医药外资企业做销售经理的工作。虽然月薪税后高达 3 万多元，可是她却说自己非常不喜欢自己目前的工作。每次见面，她总是向我抱怨工作很辛苦也没有什么前景。有次我问她："既然你那么不喜欢这份工作，为什么不想办法重新找一份你喜欢的工作呢？""重新找工作？"她说，"我不是没有想过，可是觉得目前的工资待遇不错，换一个工作恐怕很难有这么高的薪水。""你有没有想过你最喜欢做什么呢？"我问她。她说："其实我非常想去学习中医，但是，你知道，只是个理想而已，几乎不可能实现。""为什么呢？"我问她，"你不是喜欢那句'心有多大，舞台就有多大'的广告词吗？只要你想，任何可能都有啊。""还是太不现实了，你看我现在上有老下有小的，怎么可能都丢下去学中医？"她开玩笑地说，"要是真有来世的话，我来世就要做一个中医。"

既然高薪的工作不能保证给我们带来工作的满足和幸

福，那么，轻松稳定的工作可以吗？我的另一位朋友小谢是广州一家小医院妇产科超声波检测工作人员。她在医学院毕业之后，被分配到这家医院工作3年了。来这家医院做产检的孕妇并不多，准妈妈们现在一般都愿意上大医院去做产检，哪怕是排上半天的队。小谢的工作非常轻松，一般每天就做2～3个超声波检查，其他都是空闲时间。可是小谢也并不满意她的工作。“太无聊了，有时候真不知道怎么打发时间。”她说，“也就是每月领工资的日子觉得幸福。”我问她：“那你有没有想过换别的工作呢？”“那还真没想过。”她说，“这个稳定的工作很多人羡慕的啊。你不知道，现在医学院出来的硕士要进我们单位都特别难了。我还算幸运的，早几年进来了。”“如果给你一次重新选择职业的机会，你还会做这一行吗？”我曾问她。她笑着说：“其实我很想做一个小学语文教师。当初考大学的时候，因为老师和家长都觉得学医比较好，我也就糊里糊涂地进入这个行业了。”

由此看来，高薪和轻松稳定的工作并不能够让人对工作感到满意和幸福。如果工作不幸福，那生活的幸福一定会大打折扣。根据美国芝加哥大学的奚恺元教授在2005年对中国“工作幸福指数”的调查，中国人的“工作幸福指数”为2.57（最高指数为5），处于国际的中等偏下水平。2006年中国人力资源开发网牵头在全国范围内开展的“工作幸福指数调查”也得出类似的结论。这个调查中共有5350位在职人士填写了问卷。调查结果显示，中国职场人士的工作幸福感并不是很强，整体工作幸福指数处于中等偏下状态，而且在工作中负面情绪体验比较多，包括愤怒、受到威胁、痛苦、担惊受怕、气馁等。另外，根据2011年任仕达集团（Randstad Group）对29个国家员工的最新季度调查发现，包括芬兰在内的北欧国家的员工对工作的满意度最高。而工作度满意度最低的国家分别为日本和中国，两国表示对工作很满意的人数分别为全国工作人数的 5% 和 7%。很多的中国人把工作当成养家糊口的手段而已，很难在其中感受到幸福和快乐。

那什么样的工作能够让人感觉到幸福呢？只有自己喜欢的和体现自身价值的工作才能带给人对工作真正的满足和幸福感。根据马斯洛的需求层次理论，人的需求从低到高分为五类：生理需求、安全需求、归属与爱的需求、尊重需求和自我实现需求。能够满足自我实现需求的工作是带给人工作和生活幸福的工作，这与薪水高低和职业安全稳定关系较小。

我的一位小学同学娜娜每天都很快乐。如果按照普通人的观点，娜娜并不具有幸福的条件：她生活在上海，30 多岁了，还无房无男友也没啥存款。她在一所幼儿园教美术。尽管幼儿园的工资并不高，但是娜娜说，她爱和孩子们相处，很享受自己目前的工作。有时候成人世界会有什么不开心的事情，一到幼儿园见到孩子们的笑脸就什么烦恼都没有了。她说，你别小看那些孩子，在他们身上我还真是学习到不少东西呢。虽然年纪不小了，可是因为生活和工作很开心，娜娜整天看起来都乐呵呵的，还显得很年轻。她笑着说："有时人家还以为我是刚毕业的学生呢。虽然现在上海房价高得我连买房的想法都没有，但是租房住也并不能影响到我的生活。"

（二）工作比工资更重要

芬兰人对工作的满意度很高。根据 OECD（经济合作与发展组织）2005 年的调查，在 30 个成员国中，芬兰人对工作的满意度超过80%，在对工作最满意的国家中位居第四位。另外，据芬兰统计厅实施的“2008年劳动生活质量”调查，有25%的芬兰人表示“对工作非常满意”，远远超越2011年任仕达集团中国人工作非常满意度的7%。

芬兰人对工作的满意程度之所以这么高，一方面是因为他们从小所受的要按照自己的特长和兴趣来选择职业的教育。根据2007年芬兰统计部门进行的“在工资和工作内容中哪个更重要”的调查，60%的芬兰上班族表示“工作内容比金钱重要”。另一方面是因为芬兰有完善和发达的成人职业教育，以方便成人工作之后加强工作能力或改行。下面罗迪、尼埃米能、萨洛和基古四个人的故事充分展示了芬兰成人教育带给人的工作和生活的幸福。

1. 重新扬帆起航的罗迪

50岁的罗迪是一位有着三个孩子的父亲。原本他是一名建筑公司的工人。2005年，他所在的公司破产之后，他失业了，很长时间都找不到原来工作的行业。罗迪想，自己是不是应该考虑开始另一种职业。可是做什么好呢？他想因为自己没有大学学历，是很难进一些正规的公司的。他的一位朋友建议他自己创业。罗迪觉得这是个不错的建议。他自认为自己有些商业才能，只是一直得不到发挥而已。他想，或许他可以考虑开个贸易公司，进口中国的商品到芬兰来卖。

做了这个决定之后，罗迪参加了由芬兰劳工部组织的再就业培训课程。再就业培训的主要目的是提高像罗迪这样的失业者的从业能力及专业技能，使他们能够较容易地再次进入劳动市场。罗迪从再就业培训中心所提供的通信、电子技术、土建、市场营销、企业管理、商业管理等课程中选择了商业管理进行培训。罗迪根本不用担心付不起培训费用的问题，因为芬兰为失业者提供的再就业培训完全是免费的。

在进行商业管理的培训中，罗迪收获很大。培训老师不仅具有商业和贸易的专业知识，而且本身还是一位贸易公司的老板。培训结束之后，罗迪和培训老师也成了很好的朋友。在老师的指导之下，他开办了属于自己的贸易公司。从中国义乌进口商品在他所在的城市进行批发。刚开始公司除了罗迪自己之外，只有两名雇员。在公司的起步阶段，遇到问题的时候，他都会向老师咨询，老师也非常乐意用自己的经验和知识来帮助罗迪。

虽然开始并不容易，但经过3个月的亏损，罗迪的公司慢慢开始赢利。罗迪脑子活络，口才也不错，慢慢生意越做越大。现在，他的公司员工已经增加到15人。罗迪说，是再就业培训帮助他重新扬帆起航，发展事业的第二个春天。他打算等公司业务再稳定一些，就考虑再到职业高中去全职学习商业管理的课程。

2. 中年转行的尼埃米能

尼埃米能今年45岁，是一位资深的广告创意总监。在广告行业工作了20年，他有些厌倦了。他开始烦那些没完没了的文案，觉得那些只不过是文字游戏而已。他有了转行的想法。他的目标是做一位园艺家。在管理自己的庭院时，他总是得到很大的满足。他喜欢种各式各样的花草，惊喜于庭院中不同季节开放的花朵。他喜欢修建植物和草坪，享受着汗流浃背的快乐。他决定把自己的真正爱好变成职业。做了这个决定之后，他辞职了，报读了家附近的开办有园艺学专业的成人职业教育中心。他的目标是先拿到园艺初级职业资格证书。

不过尼埃米能并不想把大量的时间花在课程学习中，他想，对于他这个年龄而言，在实践中学习更为重要。于是他选择了学徒制的培训方式。所谓学徒制的培训方式就是成人职业教育中心会帮你联系到园艺单位，并让一位师傅负责带领学习，而成人职业教育中心则负责尼埃米能的专业课程教学。这样，尼埃米能 80%的时间都是在园艺单位的工作中学习。园艺单位还跟尼埃米能签订了一个两年的学徒制培训合同。在职业学习的这两年内，尼埃米能不但不需要支付学费，园艺单位还会给尼埃米能支付正式园艺师 80%的工资。两年的学习完成后，由成人职业教育中心的老师和园艺单位的师傅一起对尼埃米能进行考核。尼埃米能通过了考核，拿到了园艺初级资格证书，实现了做园艺师的理想。

3. 备考高级建筑师的萨洛

萨洛是赫尔辛基市一位 35 岁的具有初级资格的建筑师。虽然芬兰女性建筑师仍然属于少数群体，但是萨洛非常热爱这个职业。她喜欢看到一个建筑按照建筑师的想法从无到有的产生过程。在芬兰，建筑师行业竞争非常激烈。客户在关心建筑师水准的同时，也比较看重建筑师的专业资格水平。虽然很多客户都喜欢萨洛的设计，但是她觉得如果自己能够获得高级建筑师资格，自己的事业一定会更上一层楼。

虽然拿到高级建筑师资格颇具挑战性，但萨洛还是决定挑战一下。她报读了赫尔辛基市郊的阿密都（Amiedu）成人职业教育中心的高级建筑师资格培训课程。课程时间为三年，上课的时间为晚上或周末。这个成人职业教育中心一共有 1.8 万名学生。在芬兰，这样的成人职业教育中心遍布全国，一共有 240 个。

一到晚上上课的时间，阿密都成人职业教育中心就热闹非凡。萨洛说，在这里，学生的年龄差别很大，既有 20 多岁的年轻小伙子，也有 50 多岁像罗迪一样的失业者。不过大部分是像萨洛这种年龄想提升原有的职业能力的人。萨洛非常喜欢在阿密都上课。老师们都是行业内资深的建筑师，他们不但专业基础深厚，更重要的是，他们都喜欢提升人的能力，对教育有着很高的热忱，就像阿密都的校长贾瑞特先生一样。

贾瑞特校长原本是在企业界工作，并且已经做到高级主管的位置，薪资优厚。几年前被阿密都邀请来为学生上课。结果他一下就爱上了这个教书育人的工作。于是他决定辞掉原有的工作，将全部精力投入到阿密都中来。

萨洛在阿密都成人职业教育中心，除了学习与建筑相关的理论课程之外，还要到该中心的实习工厂进行实际的操作。3 年之后，萨洛学习完所有的课程，就面临着高级建筑师职业资格的考试。

这个考试可不单单是书面的考试，萨洛的考核要在建筑实习工厂中进行。她不但需要做图纸设计，还要按照想法做出自己的作品，并对自己的作品进行口头和书面的陈述。是否授予萨洛高级建筑师资格的决定，则是由教育代表、业界代表和雇主代表一起来作出。整个评估注重过程，是一个动态的评估。经过严格的测试，当主考官宣布萨洛通过的时候，她简直太开心了。获得了高级建筑师资格之后不久，萨洛就和一个朋友一起成立了自己的建筑师事务所，事业也是越做越大。

4. 学习厨师的基古

基古是位 29 岁的青年记者。他热爱这个让他有机会到处游走和了解社会的工作。他很喜欢吃，并且对吃的很挑剔。

一般这样的人，好好发挥一下，厨艺都还不错。基古属于这样的人。为了在原有的基础上提升自己的厨艺，基古打算到成人职业教育中心修读厨师初级资格证书。

按照芬兰政府的规定，修读初级资格证书并不需要学费，因此基古根本不需要考虑学费的问题。同萨洛一样，他也是利用周末和晚上去学校上课。学校里面有专供学厨的厨房，基古学习的场所就主要是在这里，而不是传统意义上的教室。

通过两年的学习，基古成功地拿到了厨师初级资格证书。他另外还有一个收获，就是在厨师班里认识了自己现在的妻子。同他一样，妻子也是一个美食爱好者。

（三）完备而发达的职业教育体系

通过再就业培训之后创业成功的罗迪、中年按照自己兴趣转做园艺师的尼埃米能、修读高级建筑师资格的萨洛以及把厨师作为自己爱好的基古，他们四人之所以能够通过成人职业教育改变或改善自己的工作轨迹，在于芬兰完备而发达的成人职业教育体系。

除了成人职业教育中心，芬兰的31所综合性技术学院均设有成人继续职业教育中心以供成人进行职业学习。近20年来，成人职业教育与培训已经成为芬兰教育政策的一个重要组成部分。因为二战后的一代人的教育水平比年轻一代人要低，所以，成人必须进一步进行在职学习和培训才能够适应岗位的不断变化。目前，芬兰每年大约有100万成人主动参加成人职业教育培训课程。不断发展的个性化学习培训和网络学习培训逐渐成为成人在工作同时的一种通常的学习培训选择。

芬兰之所以有如此庞大数量的成人进行职业再学习，学习成本低是一个重要的原因。芬兰的成人职业教育有着充足的资金来源，大部分资金是由教育部提供的公共投资。成人在公立教育机构进行的职业教育培训、再就业培训和成人学习职业资格证书课程通常是免费的，而其他类型的培训课程需要付少量的学费。这减轻了培训费用对于培训者的负担，增加了成人的培训意愿。

另外，芬兰的成人职业教育培训主要还以能力为本位来进行职业资格证书的培训。芬兰目前大概有初级职业资格证书、高级职业资格证书、专业职业资格证书三种，合计 360 个资格证书。如果成人想获得其中的某一资格，就必须先学习以能力为本位的技术预备测试和培训。在芬兰，技术预备培训、技术培训、以证书为目的的培训是分开且水平层层递进的，这样培训组织可以根据自己的需要安排培训，并按照国家要求的能力进行评估。其中商业、管理部门和技术转让部门最受欢迎。职业资格证书制度的建立为成年人提供了测试自己职业知识和技能水平并获得相关资格证书的机会，而无须事先提供自己的学历证明。这意味着职业资格证书的获得与教育途径无关，只与个人能力有关。

10 多年来，芬兰在实施这一职业资格证书制度的过程中，积累了许多有益的经验，取得了令人瞩目的成绩。仅 2000 年，芬兰全国就有 1.7 万成年人获得了完整职业资格证书，1 万人获得了部分职业资格证书，3.2 万人参加了职业资格证书考试。到 2005 年，参加成人职业资格证书考试的成年人增加到 4 万多人。

二、学习不是短跑，是马拉松

终身学习是芬兰的一项基本国策。具体体现在芬兰的成人教育机构遍布全国。芬兰人在家门口就可以学习。如果外出到国内任何一个地方，只要你想读书，随时随地都可以读。因为政府有强大的财政补贴，所以成人教育费用相当低廉。芬兰的成人教育充分体现了自由学习与终身学习的特点。

（一）随时随地，想学就学

虽然人们对幸福的理解有很多的差异，但是谁也不能否认，真正的幸福不是来源于物质和金钱，而是在于心灵上的满足和幸福。一个人如果在心灵上感到空虚，这既可怕、又可悲，更谈不上幸福。一个幸福的人，一定是生活充实、精神富有的人，而绝不是精神空虚、生活平庸的人。

随着经济的发展和生活水平的不断提高，除了在职业中不断提升的专业能力之外，精神生活的需要和满足也是生活幸福的重要内容。在一个经济日益富足的社会中，人们对于生活的满足感与幸福感，与人所拥有的知识、性情的健全、人格的完善相关度越来越大。

虽然我们集中学习的时间是在成长阶段的学校教育，但是成年之后的学习，是对人生命体再次的琢磨和提升，能够很大程度地提高我们的幸福感。每个人的生命体都像是未经雕琢的宝石。当我们年幼的时候，充满了好奇、冒险和冲刺的心理，我们的宝石开始闪闪发亮。可是成年之后，由于生活、工作和家庭中的烦恼和挫折，我们慢慢失去了人生中的激情，宝石也失去了应有的光芒。这时候能够再次让我们燃起生命激情，让我们宝石一样的生命体继续发光发亮的，就是透过终身学习所带来的智能、毅力和决心。

“活到老，学到老”鼓励人们要终身学习。人只有在不断的学习中，才能更新知识、开拓思维和不断进步，以保持积极的创造性和生命力，否则就很容易变得保守和顽固。所谓“流水不腐，户枢不蠹”正是这样的意思。

如果说学校教育是人成长之中的任务，成人职业教育是人工作之中的任务，那么，成人教育中的自由学习则完全是人自由选择的结果，不具有任何的功利性。正是在这种成人自由的学习中，人能够得到很大的幸福感和满足感。

芬兰人不但在家门口就可以学习，而且任何人都可以参加芬兰大学举办的开放大学和夏季大学的课程学习。另外，广布全国的成人教育中心也提供音乐、手工、外语等课程。参加基本职业资格和再就业培训的费用全免，其他的费用因为有政府对成人教育的财政支持，也很低廉。

芬兰政府为芬兰人的终身学习提供了很好的环境和机会，让芬兰成年人在离开校园后很容易再进行继续的学习以提升自我。就这一点来看，芬兰成年人很幸福。施尔芭、杜鲁能和阿努娜的故事充分展示了芬兰自由成年教育带给人的幸福。

1. 读开放大学的施尔芭

施尔芭今年 43 岁了，她是两个孩子的妈妈。儿子 12 岁，女儿 9 岁。大学毕业后，她一直在一家高科技公司工作。从普通的技术人员开始，现在是公司的中层管理人员。施尔芭很享受自己的工作和生活。可稳定的工作和生活也常常让她感觉到自己没有什么激情。于是，她打算在工作之余重新去学习。虽然大学学的是工程专业，但她还对教育学非常感兴趣。因为只是出于兴趣，她也不想修读学位。她决定报读赫尔辛基大学举办的开放大学教育学课程。入读这个课程很简单，只需要报名即可。虽然她所居住的地点距离赫尔辛基大学路程挺远，可这根本就不是一个问题。因为她可以就在她家附近的成人教育中心学习赫尔辛基开放大学的课程。上课时间一般是在晚上和周末。上课的费用低廉，每门课程一般只需要付50欧元的费用。老师教育水平也很高，都是来自赫尔辛基大学教育系的正式老师。不少上课的同学都跟施尔芭一样，有正式的工作，孩子已经上学，完全是因为兴趣而修读教育学课程。施尔芭跟这些志同道合的同学不但上课一起学习和讨论，课后还成了很好的朋友。大家经常一起带着家人去游玩。在开放大学的学习，让施尔芭又重新找回了年轻时候的激情，也让她利用学到的知识更加有智慧地教育孩子。

2. 学习法语的杜鲁能

杜鲁能75岁，退休的他身体健康，生活愉快。他在成人职业教育中心学习法语已经有一年的时间。之所以学习法语，是为了跟自己生活在法国的孙女交流。虽然因为年老，学起来比较慢，但是现在他已经可以跟孙女进行简单的交流了。这让他觉得非常开心，也很有成就感。他决定继续坚持学习下去。他的目标是以后能够用法语顺畅地和孙女交流。

3. 上暑期大学的阿努娜

32岁的阿努娜是一家咖啡店的服务员。她有一头金色的头发和修长的身材，是个非常漂亮的人儿。然而，她过得并不快乐。虽然很年轻，可是她已经离过两次婚了。离婚的原因都是因为她坚持不要小孩，而男方无法接受。阿努娜不要小孩的原因与自己的经历有关。她的父母在她 10 岁的时候离异，这给她幼小的心灵造成了很大的创伤。她很担心自己的婚姻不能长久，因此怕给自己生下的孩子同样留下成长中可怕的经验。可是，她又非常害怕孤单，渴望有一个温馨幸福的家庭。

有次，她的一个朋友建议阿努娜去看心理医生。医生告诉阿努娜，她的问题在于将自己因为父母离婚造成的受害者身份强加在了她尚未存在的孩子身上。为了解决问题，心理医生认为阿努娜要原谅自己的爸爸妈妈，并且从受害者身份中解放出来。之后医生推荐了一些如何处理伤痛的心理学书籍给她看。

第一次接触心理学的书籍，阿努娜就被迷住了。以前从来没有分析过自己的心理，现在才明白她一直生活在过去的阴影之中。为了更全面地了解心理学和进行自我治疗，阿努娜系统地学习心理学课程。

因为她的咖啡店晚上要上班，她不可能利用晚上去读成人教育中心和开放大学的课程。她决定利用每年夏季休假的时间去报读暑期大学的心理学课程。她先修了些心理学的基础课程并拿到了学分。在此过程中，她通过学习到的心理学知识，不断关照自己的内心并尽量养成正面积极思考的习惯。慢慢地，朋友们发现阿努娜的笑容越来越多了。而且她又恋爱结婚了，并很快有了一个孩子。

之后阿努娜开始利用芬兰政府的产假、育婴假和在家照顾孩子的津贴，全职在家带孩子。她的计划是把孩子带到 3 岁上日托中心之后，自己要准备一下高考，争取在大学拿到心理学学士的学位以帮助更多像她一样曾经有过心理伤痛的人。而她在暑期大学所修的心理学学分还可以转入大学累计。

（二）自由教育体系

在芬兰，终身学习作为一个基本国策。从日托中心开始的学校教育，就特别强调激发孩子的学习兴趣和自我学习的能力，以培养起孩子终身学习的习惯。不同于成人职业教育，成人自由教育主要为那些想要提升职业能力之外的人提供课程。芬兰的成人自由教育主要是由成人教育中心、暑期大学和开放大学提供的。

1. 成人教育中心

芬兰目前有207个成人教育中心，它们各自为各自地区的成人提供教育和培训，任何成年人都可以参加。芬兰成人教育中心是芬兰成人非正式教育最主要的组成部分，其主要任务是为市民提供普通教育和职业教育，让人们在家门口就能够学习。2006年，一共有62万人报名参加了成人教育中心的课程。学员一般都认为成人教育中心的教育质量很高，且收费合理。通过遍布芬兰全国的成人教育中心，芬兰的终身学习权利和平等的入学机会得到了很好的展现。成人教育中心的学生组织还会根据学生的兴趣，给成人教育中心提供课程建议，并组织学生的休闲娱乐活动。

芬兰的成人教育中心起源于瑞典，是工作者利用休闲时间进行学习的教育机构，芬兰加以仿效推展。现在，成人教育中心作为社区的积极合作伙伴加入到地方的文化活动中，并越来越多地与其他的教育机构比如开放大学和暑期大学合作办学。成人教育中心与市镇图书馆、市政行政管理的各个机构（比如青年工作、社会工作）、各种协会及志愿者团体一起成为地方成人教育学习的关系网络。在乡村社区中，成人教育中心常常是当地唯一的学习中心。

成人通识教育、人文主义、自我实现及社会的融合是成人教育中心的主要价值理念和运行原则。成人教育中心通过专业人员为民众提供学习机会。其中妇女参与成人教育中心学习的比例很高，约占76%。

成人教育中心课程的主题有五大种类，其所占比例如下：（1）手工与艺术占40%；（2）音乐占17%；（3）外语占17%；（4）通识课程占16%，比如个人发展、公民教育、计算机技能等课程；（5）体育和健康教育占10%。

成人教育中心的教育过程强调学生作为学习者的自我责任和主动性，老师只是利用自身的专业知识作为学生的学习顾问或引导者。近年来，在学生学习中，信息技术也越来越多地运用在学习项目中。

成人教育中心一般由地方市政所拥有。其运行的经费中有53%来自中央政府，28%来自地方市政，15%来自学生的学费，另外4%则来自其他的社会捐赠等。虽然由地方市政拥有并给予财政拨款，但是成人教育中心的运作完全不受政治和意识形态的影响。另外也有一些私营的成人教育中心。

因为成人教育中心大部分的费用来自中央和地方政府的财政补贴，所以学生只需要付少量的课程费用。根据授课时间的长短、教学人数以及教育设施的不同收取学生10欧元到300欧元不等的费用。收费合理被认为是保证教育和培训可以为所有的人享受的基本保障。

成人教育中心的职业人数要求根据规模会有所不同。但是法律规定必须有校长、足够的全职教师和一些行政人员。成人教育中心的课程大纲主要由校长和中心的全职员工一起制定，但是其中80%的教师是兼职的。成人教育中心教师的专业素质都很高。成人教育中心不雇用志愿者教师，教师全部采用有薪聘用的方式，并根据教师的专业资格以小时付费。

2. 暑期大学

19 世纪末，受英国大学迅速扩张的影响，赫尔辛基大学开创了芬兰高等教育史上第一个假日课程班，对小学教师进行培训。同时，该大学还派遣大学生到农村讲学，开展通才教育。其背后的理念为不管一个人的教育背景如何，都有权享受大学教育。

20 世纪初，芬兰出现了第一所暑期大学。二战前，芬兰在宇瓦斯古拉别和土库两地有两所规模较大的暑期大学。它们对教师全面开放，为教师提供继续教育服务。1950 年代和 1960 年代，暑期大学在芬兰发展很快，遍布各地。这一时期，暑期大学的教育对象主要是全日制大学生。后来教育对象扩展到全民，且不论教育状况如何。

芬兰暑期大学协会于每年七八月间统筹协调开办 21 所暑期大学，在 133 个大小城镇开设欧洲研究、文化、语文、艺术、舞蹈、音乐、戏剧、教育、环保、卫教及社会科学等短期课程供各阶层人士选修，学生通过结业考试取得大学正式学分。这些课程主要以芬兰语授课，若干课程以英语进行。外国学生亦可选读，比照芬兰籍学生缴交学费，食宿自理。每年登记入学者多达 65000 人，其经费来源包括学生学费及地方政府补助。主要提供课程为短期个人化或专业性的课程，完全开放给全民，不分年龄及教育程度，全民均可报名参加。

3. 开放大学

1971 年，坦派勒对外教育部成立芬兰第一所开放大学，开设的专业主要有教育、新闻、大众传媒、社会政策与政府政策等。1972 年，约恩索大学第一次尝试与其他成人教育机构，比如国民高中和成人教育中心等进一步合作扩展开放大学的办学网络和规模。同年，芬兰广播公司与大学及成人教育机构合作，开设远程教育，得到民众的普遍欢迎。1976年，芬兰教育部发表的《芬兰文化基金会报告》进一步激发了芬兰人民参与开放大学的热情。这个报告提倡建立开放大学的全国性合作网络体系，建议大学与暑期大学、国民高中、成人教育中心联合办学，共同发展芬兰的开放教育体系。此后，芬兰的开放大学一直沿用这一模式进行教学。

1990年代，芬兰的经济状况急剧恶化，失业率很高。1993年，芬兰政府为了解决就业问题，让更多的人享受继续教育，政府启动了里兰登计划，为开放大学注入大量的资金，并新增全日制学位3000个，学生的入学年龄也从1975年的25岁降至18岁。

芬兰的开放大学不是一个独立的大学，而是一个学习的体系，由芬兰的大学与他们的院系合作开办学习的课程。目前有15个大学在芬兰的120个大小市镇开办开放大学，每年平均约有7万人入读。上课的时间是在晚上和周末。学生需要支付学费。开放大学不授予学位，但如果日后学生被大学录取，可以将开放大学的学分转为大学的学分。同暑期大学一样，开放大学主要以人文、社会科学和教育专业的课程为主。近十年来，开放大学提供的课程更加广泛，内容包括18个科目的上千种课程，比如法律、经济、自然科学、农业技术、医疗卫生、戏剧等等。主要以芬兰语授课，若干课程以英语进行。① 开放大学的课程不是免费的，要收取费用。

---

① http://www.avoinyliopisto.fi/Page/480286bc－e9e6－46bb－8c1e－80744b64235e.aspx

开放大学的基本原则，一是开放，不管年龄和教育背景，向所有的人开放；二是同等，教学质量和教学标准与大学相同；三是平等，提升教育水平和促进地区平等。

开放大学主要有两种教学方式。一是传统的面授方式，这也是最为常用的教学方式，主要通过大班授课和小组讨论的形式进行。二是远程教育的方式，一般以看电视录像和听录音报告的形式进行。

开放大学的学生在学习的过程中难免遇到问题。芬兰在对开放大学的学生进行辅导方面可谓煞费苦心。除了提供课内辅导之外，还有一个提供专门辅导的学习中心。在芬兰教育部资助下，由赫尔辛基大学等 3 所芬兰最有影响的大学共同开发的一项全国性开放大学辅导项目，通过建立网络辅导中心，为学生提供良好的自学环境。网络辅导中心不仅有许多的学习资料，还帮助学生订立学习计划，提高学习能力，并让专业人员回答学生在学习过程中遇到的问题。

第九章 幸福的阅读时光

一、世界上最会享受阅读的国民

一般来说，经济发达国家的国民，更加倾向于选择阅读之外的休闲方式，比如看电影、逛商场等等。虽然芬兰也是个经济非常发达的国家，但是个性沉静的芬兰人仍然酷爱阅读并享受阅读带给人的幸福。

在芬兰，阅读与写作水平还被芬兰人视为一个人是否成功的指标之一。阅读的风气已在芬兰各个年龄阶段蔓延开来，成为一种生活习惯。2007 年芬兰官方调查显示，与德国、英国、挪威、意大利、西班牙等国比较，芬兰 10 岁到 74 岁各年龄层的阅读时间（包括各项书籍、报章杂志）是最长的。

根据 PISA 的调查，在芬兰，有 75%的学生表示他们每天都会花一些时间读他们自己感兴趣的东西，像报纸、各类杂志、网页、电子信件，甚至是漫画书。也有 40%的学生表示，阅读是他们最喜欢的休闲活动，这比例比其他国家都高。

要想直观地体会芬兰人如何酷爱阅读和享受阅读的幸福，在芬兰的地铁中观察就可以了。芬兰的地铁非常安静，你很少看到大家相互交谈的情况，更别说大声喧哗了。很多人都是一坐下就从包里取出一本书来安静地看，并不时露出会心的微笑。快下车的时候，人们又会匆匆地将书放进包里。

二、阅读让个人与国家幸福

在不用上班不用上学的日子，你最喜欢做什么？是追看热播的电视连续剧、逛街、下馆子还是阅读呢？在现代忙乱的生活之中，读书似乎越来越成为一种奢侈的活动。或许你会说，上班那么累了，哪还有精力读书啊？上学就是在读书，放学还看什么书啊？做完作业就万事大吉了。与阅读相比，似乎沉浸在电视剧中，或从购物获得的满足中，或从色香味美的食物的享受中，更能体会到直接的感官快乐，因为这些活动既轻松又容易上瘾，可以让人暂时忘掉烦恼。

可电视剧、购物和美食真的让你感觉到幸福吗？实际上，虽然现代社会花样百出的娱乐活动让人们的生活更加多姿多彩，但其中的很多都无法带给你真正的幸福。它们带给人的常常只是一种幸福的假象。你是不是有过这样的经验：在追看完那部让你每天惦记、欲罢不能的电视剧之后，发现其实这个电视剧的剧情好假好天真，奇怪自己当初为什么会沉溺于这么无聊的剧情之中？在拎着大小的购物袋凯旋回归家中，发现原来买了一些你根本不需要的，或不喜欢那件自己原本觉得很美的价值不菲的衣服，而生出深深的懊恼？在饭店中酒足饭饱之后，才意识到自己的减肥计划又失败了，或又吃了不少不健康的食物，而决定以后尽量在家吃饭，减少外出就餐的机会？

而阅读则可以带给人真实的快乐和幸福。书籍是人类最好的老师。阅读除了获得知识之外，还可以得到指引、力量、智慧甚至安慰，让人可以得益一生之久。我少年时，在一本书中曾读到这样一句话：“上帝给你关上一扇门的时候，一定会给你打开另一扇窗户。”这句话在我的人生路上给了我莫大的启发和力量，让我无论在什么情况之下，都乐观坦然地面对生活。

一个人的灵魂和精神发育状况，与他的阅读历史相关。

因为在阅读中，你既可以平等地与圣贤先哲对话，也可以免费遨游世界；既可以打发你的时间，又可以提升你的境界。在阅读中，你很少会有读了一本书又很后悔的情况吧？因为要是书籍面目可憎、味同嚼蜡，你早就把它放下了吧？即使你读完了一本不太有趣的书，既然你能够坚持读完，也一定有什么让你收获的吧？阅读也几乎不需要什么花费，与购物和外出就餐相比，是一种非常低碳的休闲方式。

另外，阅读还能够让你在职场中更具有竞争力，在人生中有更多的成功机会。国际成人阅读能力调查报告早已指出，阅读能力强的人不但比较容易找到工作，甚至薪水也比较高。学历高低固然会影响就业机会，但是当学历相当时，阅读能力强的人担任高技能白领工作的几率就明显高得多，而且阅读能力比学历高低更能准确预测一个人在职场的发展。

崔利斯在《朗读手册》中提到，阅读是消灭无知、贫穷与绝望的终极武器。如果你热爱阅读，不管你现有的状况如何，一定会在原来的基础上更加幸福。

一个国家的精神境界，取决于这个国家的阅读水平。国际阅读学会曾经讲过，阅读能力的高低直接影响到一个国家和民族的未来。一个人民热爱阅读的国家，一定是一个更加充满活力、安定有序、良善友爱的社会。由于热爱阅读，国民在博古通今的基础上，更加具有创造力；由于热爱阅读，国民更注重精神生活，不太容易受到日益膨胀的消费主义的物质化影响；由于热爱阅读，国民素质得到提升，人际关系更加和谐。因而，一个喜爱阅读的国家，也是一个更加幸福的国家。

三、阅读让婚姻与家庭幸福

虽说有的婚姻不一定幸福，但没有婚姻更可能不幸福。在芬兰的历史上，婚姻的幸福和阅读的幸福曾经合为一体。

芬兰文化向来重视阅读和智慧，在芬兰的史诗里，不歌颂奋勇杀敌的英雄豪杰，有智慧的长者才是被众人所景仰的对象。教导阅读的传统也是源远流长。过去几百年间，教会在芬兰人的阅读能力上扮演重要角色。新教的教义原则是每个人都应该能读《圣经》以及其他宗教书籍。

1660 年，芬兰颁布的教令规定，识字是结婚的先决条件，要结婚就不能是文盲。教会因此雇佣许多老师来教人识字，教会神职人员的工作内容包括组织读书会及朗诵会。要每个人都学会阅读不是件容易的事，但这条教令让学习速度慢的人也有很强的学习动机，假如他们想结婚的话。

大人下班、小孩放学之后的晚上，是成家后一家人共度的时光。这段宝贵的时间如何度过呢？

薇娜是位 13 岁的芬兰少女，她有两个分别为 11 岁和 9 岁的弟弟。她最喜欢每天晚饭之后的家庭阅读时间。妈妈会给大家朗读 30 分钟的故事，接下来大家各自看书，看完之后再一起分享。和上电影院相比，她和弟弟们都更愿意待在家中享受家人共同阅读的幸福时光。

心理学家科尔曼在研究中发现，在决定儿童的学习成就方面，家庭因素比学校因素更重要。就阅读能力而言，家庭阅读环境会在四个方面对儿童的阅读产生影响：家庭中所拥有的阅读材料的数量，父母与孩子一起阅读的次数，父母进行阅读指导和鼓励的次数，以及父母作为榜样并参加到阅读中去的程度。

芬兰的家庭有着喜爱阅读的传统。父母从孩子年幼的时候就开始培养阅读习惯，其通常做法是每天保证几分钟的时间让孩子阅读或和孩子一起阅读；不强迫孩子阅读，也不强迫孩子接受父母为他读故事。如果孩子不喜欢就要停下来，或让孩子换一个故事；尝试着和孩子“玩”故事，比如共同表演故事情节，一起讨论不同的故事结局，轮流创编简单的故事，这会使阅读充满乐趣；为孩子准备一个小书架，使孩子看书时随手可及，便于孩子养成及时整理书架的好习惯；只要孩子感兴趣，在外面看到任何文字或图案都可以引导孩子“读读看”，也可以利用电脑使孩子关注文字和符号；有时间就带孩子去书店，给他买书，把书当礼物送给他。去图书馆，让他了解如何查阅资料；自己读了一些好书，就讲给孩子听，如果孩子感兴趣，就把书放到孩子能够拿到的地方，让他自己读完。

芬兰父母还利用多种社会资源，扩大孩子的视野，拓展孩子的知识面。他们经常带孩子到图书馆参加各种活动，如为学龄前儿童设计的幼儿故事时间、故事表演活动，也可以教孩子借书、还书。他们也会带孩子到博物馆去参观。芬兰的博物馆也为家庭教育提供各种服务，目前芬兰境内约有300多座博物馆，这些博物馆提供的服务内容丰富多彩。18岁以下的孩子都可以免费入场参观、学习。博物馆也常为儿童、青少年举办各种学习、游戏活动，家长们可以带孩子参加。在博物馆里有许多父母推着娃娃车去参观呢。这些孩子还在襁褓中或正在学步时，就已经开始走进阅读世界了。芬兰父母在孩子的阅读中陪伴、倾听，鼓励与支持，为孩子埋下喜爱阅读的种子。

另外，由于芬兰的妇女受教育水平普遍较高，且女性的阅读水平高于男性，她们更有耐心和能力指导并鼓励孩子阅读。芬兰宽容的教育体制也为家长引导孩子在家阅读提供了有利条件。芬兰义务教育学校的学生每天的上课时数短，即使是七至九年级的学习，也是下午两点多就下课。寒暑假中学校既不开设辅导课，也没有作业，因此，父母亲和孩子就有足够的时间共同安排假期的阅读活动。加上芬兰的冬季漫长而寒冷，在家阅读成为芬兰家长和孩子们很好的消遣方式。正因如此，芬兰儿童从小就打下了良好的阅读基础。据赫尔辛基市教育局的统计，接受学前教育的儿童30%已能读写，上学1～2个月后，90%的学生具有了学习能力。

学校也鼓励孩子们回家阅读。芬兰孩子们每天的家庭作业之一就是至少半个小时的自由阅读。自由阅读的时间中不是要学生继续阅读教科书，而且鼓励学生按照自己的兴趣去阅读，从而让孩子们充分体会到阅读的快乐。这半个小时的阅读时间，没有老师会检查，完全靠学生自觉。家长在引导和监督孩子们这半个小时的阅读时间中的作用就非常重要。

四、阅读从娃娃抓起

尼鲁是一个性格外向的9岁男孩。每天下午放学后，他都会和做全职家庭主妇的妈妈一起到家附近的图书馆去看书。尼鲁妈妈11年前从中国嫁到芬兰。在中国的时候，尼鲁妈妈并不怎么喜欢读书。可在芬兰生活几年之后，她跟儿子一起，喜欢上了图书馆和读书。

她记得当尼鲁还在她肚子里面时，在母婴健康院做产检的时候，护士就给她派送了为外国移民所准备的《带你的宝宝到图书馆》的英文宣传手册。回到家里，她详细地把这个手册阅读了一遍。里面介绍了阅读对孩子的重要性。“阅读决定一个人的成功和幸福，良好的阅读习惯应从幼儿抓起”，尼鲁妈妈至今对这句话记忆犹新。她暗自下定决心，要尽力让孩子爱上阅读。

尼鲁还不会走路时，尼鲁妈妈也学其他妈妈，经常和爸爸一起推着童车带尼鲁去图书馆借书。尼鲁妈妈惊讶地发现，图书馆中还有很多的中文书籍，而且很多是最近的新书。她就曾借过中国作家池莉的小说回家阅读打发时间。

当尼鲁慢慢长大之后，妈妈发现其实她根本不用自己努力，孩子就非常喜欢阅读了。妈妈发现，芬兰的图书馆为了吸引孩子到图书馆读书，做了很多的努力。也正是因为图书馆做了很多的努力，自己才不用费多大的力气就让孩子爱上阅读。一般图书馆都有专门为孩子开设的网页，满足他们的年龄需要。而且几乎所有的图书馆都设有儿童专区。这些儿童专区不但有各类儿童书籍专刊、可以上网的计算机、各种语言的儿童书籍、儿童CD和DVD，还按照儿童的高度来配备桌椅和舒适的沙发。

更有趣的是，儿童专区还布置得非常具有童趣：供阅读的桌椅上放着填充玩具，书架顶上悬挂着卡通图案，玻璃窗上画满各式各样的鱼儿和摆满各式各样的小船。孩子需要什么书籍，马上就会有图书馆阿姨帮他们耐心寻找。

她还发现，图书馆儿童部的工作人员还把工作做到了家长会上，可谓用心良苦。每当有小学召开家长会时，图书馆亦会派人到会做相关宣传，让家长知道图书馆资源可以如何运用。好奇的尼鲁妈妈曾经问过到学校做活动的图书馆儿童部主任，为什么花这么多时间和精力来“推销”图书馆呢？

这位主任回答说："随着电子科技时代来临，纸本书籍受到很大的考验，我们必须有更多活动吸引大家来图书馆。"

尼鲁妈妈很享受在儿童阅读区和孩子一起阅读的时光。在尼鲁四五岁时，她和孩子一起看儿童绘本。孩子长大了，开始选择自己的阅读物了，妈妈则在一旁阅读自己从成人图书区借来的书籍。

五、开心阅读的秘笈

阅读之所以能够带给孩子们很强的幸福感，主要是因为他们可以随心所欲地选择自己喜爱的作品来读，而且是将阅读作为一种轻松有趣的休闲活动。对学生来说，幸福美妙的阅读时光一般只有在课后才有可能享受。

学校里面的阅读很少让人能够享受到阅读的幸福，中国的情况尤其是这样：学校里面很少开设专门的阅读课。即使有阅读课，也是阅读开学时候统一发的课后阅读教材，很难满足学生的阅读需求。我记得自己的学生时代，一般开学第一天就迫不及待地把所有语文课文和课外读物看完了。之后就觉得上语文课好闷，老师要教的东西都知道了，就是无聊沉闷的分段啊、概括段落大意和中心思想什么的。

而芬兰学校里面的阅读课，则是上得非常有趣。小学三年级的萨罗说她最喜欢的就是上阅读课了。在芬兰，从小学到高中阶段，每天除母语课之外另设一节约有一个小时的阅读课，让学生在阅读室进行自主的阅读活动。这一个小时里，教师一般安排 10～15 分钟进行阅读指导，其他时间主要用于学生自主阅读或小组合作阅读，以及阅读以后学生的交流。

阅读课并没有统一的教材，阅读材料的选择权通常留给学生。每个学生可以根据自己的阅读水平和阅读兴趣，自主决定阅读材料和学习的方法，阅读效率能够得到较大的提高。但在阅读指导阶段，教师通常采用统一的阅读材料，或者是共用的课本，或者是老师统一复印的教材。这种统一的教材也仅仅限于阅读指导阶段，阅读指导结束以后，学生阅读材料又各不相同了。适合于学生阅读水平的文学作品、杂志，甚至音像制品都可以成为阅读材料。

芬兰阅读课注重培养孩子的阅读兴趣和教给孩子阅读的方法和技巧，从而让孩子学会独立阅读并从中享受到阅读的快乐。阅读课的教学目标是教给学生阅读的方法。比如针对一年级的学生，教师教授的课文内容简单，课堂的教学目标当然不是理解这篇文章，而是教学生掌握阅读时如何理解不认识的词的方法。如针对五、六年级的学生，其阅读教学策略倾向于如何解决阅读中的疑问，如何从阅读中获取写作材料等等。随着年级的升高，教师会教给学生更加复杂的阅读策略。学生在阅读中遇到问题，教师首先鼓励学生用以前学过的策略自己解决，以此强化阅读策略训练。而学生学到的这些策略性知识，可以广泛地运用于语文学习和其他学科的学习，甚至在今后的工作中也经常用得到，真可谓是受益终生。

六、图书馆无处不在

图书馆，是知识的海洋。在其中阅读的乐趣和幸福就像鱼儿在水中徜徉的感觉一样。对中国人来说，一般只有大学生才能够享受到在图书馆阅读的乐趣。一旦毕业，就很少有机会上图书馆了。要想阅读什么书籍，一般都需要自己掏钱购买。一般城市对市民开放的图书馆都非常少。要去借书不但路程遥远，需要花钱办图书证，而且最大的问题是在图书馆你可能很难找到你要读的书。相对来说，大学图书馆的资料比较丰富，但你要想借到大学图书馆的书，一定会费上很多的周折。

芬兰人则是可以非常方便地享受图书馆的服务。安德罗是一位芬兰小镇的汽车修理工。与一般粗线条的汽车修理工不同，安德罗看起来非常斯文。别看他是只是个上过职业高中的蓝领工人，在工作之余，除喝点小酒之外，他最喜欢的就是去图书馆借书了。安德罗的阅读兴趣非常广泛，从哲学到经济学，从诗歌到小说，从童话到科普。因为读书范围很广，安德罗是朋友和家人眼中的“百科全书”。这个称号让他觉得很光荣。经过白天大汗淋漓的体力劳动之后，安德罗非常享受在家中安静阅读的幸福时光。

虽然安德罗所在的小镇只有一万左右的居民，可就有两个非常不错的图书馆。一个图书馆在他工作单位附近，另个在他家附近。他一般每两个星期会借还一次书。当借来的书快看完的时候，他会先在网上图书馆预约下次要借的书。换书的时候，他会在早上上班的时候，直接把书还到家附近的图书馆的还书箱。不需要花时间等候，便会有图书馆工作人员来处理还书箱中的书。下午下班之前，他会查看电脑自己要借的书图书馆是否已经准备好，因为常常他要借的书，本地的两家图书馆没有，图书馆就会从别的馆中调来。这一般需要一周的等候时间。他记得有一次他要找的书只有在赫尔辛基大学的图书馆中才有，也是只有 6 天的时间，书就到了他的手中。如果书已经来到，按照他在网上的选择，安德罗会到工作单位附近的那个图书馆去取。这样，每次借到书，坐公共汽车的时候他就开始迫不及待地阅读起来了。酷爱阅读的安德罗说，自己非常幸运地生在芬兰，因为他们的政府为市民提供了免费、便捷而且全国图书资源完全共享的图书馆服务。

芬兰图书馆的信息化工作做得特别好。芬兰人可以在自己家附近的图书馆借到全国所有公共图书馆的资料。在同一个市区，可以在一个图书馆借书，然后在离家最近的图书馆还；也可以预订较远的图书馆的书（如果所需要的书本地的图书馆都没有，图书管理人员则会帮你从外地的图书馆中借阅回来），然后在离家最近的图书馆去取书。像预订、续借之类的常规需求，人们更是足不出户就可以网上办理。每人借阅的书数量很多，可借阅时间也长。包括书籍和影音产品，每人一次可以借40本，周期为4个星期，还可以续借5次。也就是说，如果没有人预约你所借的书，每本书你可以有最多24周来看。另外，为了向读者提供更为有效的信息，不少图书馆为读者提供按需服务项目，即根据读者需要从多种文献资料中综合形成有价值的资料，而读者坐在家中就可以通过图书馆的计算机网络服务收到所需资料。正是由于芬兰图书馆良好的服务、高度的信息化、资源共享和便利的借还手续，芬兰人更加乐于阅读，以享受阅读带来的幸福。

芬兰有很多岛屿。海岛上的居民主要以打鱼为生。丽萨是一名14岁的少女，居住在海岛上。她的父母是在海岛上工作的邮政人员。虽然海岛上的居民不到1000人，可照样有政府开办的学校、医院以及其他公共服务。

因为海岛上人口很少，所以没有自己的图书馆。但是丽萨同样可以从网上预约任何她想借的书来阅读。她最盼望的时刻就是每周五下午 3 点钟，因为每当这时，西拉多叔叔都会开着轮船给她送来她心仪的书籍。西拉多叔叔可不是来送礼物的圣诞老人，他是芬兰的海上图书馆的管理员和船长，专门负责给芬兰西南部的海岛居民送去图书的服务。西拉多非常享受这个工作，他说虽然很辛苦，有时还会遇到危险，但是每当看到大人和孩子们从他手中接过图书时的笑脸，就觉得很满足，也很有成就感。

原来，为了让所有的民众都能够便利和平等地享受图书馆的资源和服务，芬兰政府除了开办大量的图书馆外，还有服务边远地区的流动图书馆和服务海上的海上图书馆。2007 年，芬兰全国共有 837 个公共图书馆和 58 个在医院和老人中心之类的机构图书馆，以及 166 个流动图书馆和 1 个海上图书馆。

流动图书馆也是芬兰政府的一个社会创新。芬兰地广人稀，偏远社区和学校的阅读需求主要是通过流动图书馆来解决。流动图书馆主要是以大型公共汽车作为载体。根据学校和社区人口以及当地图书馆的数目不同，到访社区和学校的频率为一次或两次，便于人们借阅图书。以芬兰首都赫尔辛基为例，这里所有的图书馆都成立了流动图书馆，每周赫尔辛基及周边卫星城有近 40 个服务点为学校和社区提供图书服务。全市乃至全国所有图书馆的儿童藏书、音像带和光盘均在流动图书馆借阅范围之内。

享受阅读的幸福在现代社会原本是一件奢侈的事情，可在芬兰，阅读却成了人们生活的一部分，和上班上学一样自然。据统计，2007 年，每个芬兰人光临图书馆的次数为每年 10.91 次，平均每年借阅 19 本书。

为了更好地为市民提供图书馆的服务，芬兰政府每年财政投入很大。芬兰的图书馆藏书一共有4000多万册，相当于一个市民拥有8本书。虽然图书馆大部分的费用由地方政府投入，但中央政府同样会拨款给公共图书馆。2007年，中央政府在这方面的投入为1.1亿欧元。

正是由于有政府强大的财政支持，芬兰的图书馆才能够不断创新和提供免费的高质量的图书和咨询服务，让芬兰民众都有机会便利地享受到阅读的幸福。

七、图书馆10：芬兰特色图书馆

“让越来越多的人爱上图书馆”是芬兰政府的一个目标。为了实现这个目标，他们发明了流动图书馆和海上图书馆；为了这个目标，他们用各种办法来吸引儿童到图书馆阅读；为了实现这个目标，他们为青少年设计了一座特别的图书馆——图书馆10。

安基列今年23岁，在芬兰赫尔辛基的一家广告公司做文案策划。如果你要问他下班之后最喜欢去哪里，他一定会告诉你是去图书馆10。他是图书馆10的常客，几乎每天都会光顾。而在2005年之前，从小在赫尔辛基长大的安基列一次都没有去过图书馆10。应该说，他连别的图书馆也很少去。喜爱音乐的他在课后通常会选择去音乐酒吧消遣，而不是中规中矩地像他的一些同学那样到图书馆去读书。在他看来，图书馆的阅读有些无趣。从原来很少上图书馆到现在每天上图书馆10，安基列的转变非常惊人。到底图书馆10有什么特别的地方吸引人呢？

图书馆10位于赫尔辛基市中心火车站旁的邮政大楼里。在2005年4月之前，图书馆10还是一座并不受欢迎的图书馆。因为身在大楼中，馆藏不足，空间不宽阔，市民使用率非常低。

为了吸引更多的读者到图书馆 10，赫尔辛基市政府在 21 世纪初决定对其进行改革。经过讨论，决定把它改造成一所融音乐、大众文化和信息技术于一体的现代新型的图书馆，以吸引青年，特别是男青年。

虽然芬兰的青少年在国际评比中的阅读能力超群，可要求完美的芬兰人却并不满意，认为还需要大力加强芬兰青少年，尤其是芬兰男青少年的阅读能力。1990 年代中期以来，随着电脑和互联网的日益普及，芬兰青少年阅读报纸的比例明显下降：80 年代末期，70%的芬兰青少年每天坚持看报，每周读报至少一次的人数超过 90%；到 1995 年，上述阅报比例分别降到不足 50%和 70%。1995 年，由芬兰国家教育委员会所实行的评量结果也指出，八年级学生阅读能力下降。图书馆 10 正是在这一背景下产生，旨在吸引更多的青少年到图书馆中去阅读。

图书馆 10 在这方面的尝试获得了很大的成功。目前，每天有平均 4000 人次进出图书馆，而且其中 60%为年轻人。这个图书馆的内部设施和装潢完全不同于传统的图书馆，一看就是属于年轻人的地方。以红色为主的舒适的躺椅和坐椅随处可见。然而经过芬兰政府的改造，图书馆 10 现在已经变身为赫尔辛基青少年间最流行的约会空间。也有许多微型创业家、尚在起步的艺术家聚集于此，使这里成为创意激荡汇流的园地。

馆内没有传统的书籍，主题以音乐为主。有大约 4 万份音像制品，其中的大部分为音乐 CD 和黑胶唱片。馆内还有与音乐有关的书籍、杂志、曲谱等。另外，馆内还有关于信息技术、出版、媒体和电影、旅行以及多元文化作品的书籍和杂志。音乐按不同的类别比如流行音乐、古典音乐和世界音乐进行功能区分。

安基列几乎把图书馆10当成了自己的第二个家，特别是在赫尔辛基漫长而严寒的冬季，这里成为安基列避寒和休闲的最好去处。一般安基列下班后吃完晚饭就来到图书馆10。在图书馆大堂喝杯咖啡之后，进入到图书馆。作为一个流行音乐的爱好者，他会来到流行音乐的区域内选择好自己想听的CD之后，去借一个耳塞，在馆内固定的CD播放机上一边听音乐，一边翻看最新的有关流行音乐的杂志。

听完音乐之后，他一般会先上一段时间的网，看新闻和处理邮件。在图书馆10，他根本不需要担心找不到电脑上网。因为馆内除了供查询资料的电脑之外，还有40个电脑咨询室供读者使用。这40个电脑咨询室使用的时间有半个小时、一个小时、一个半小时和两个小时四种类别。一般安基列在办公室的时候，就会在网上先订好使用电脑的时间和位置。

如果有时候晚上需要处理一下工作，安基列偶尔也会将自己的笔记本电脑带来使用。因为在馆内，到处都有网络接口和无线网络，非常方便安基列处理工作事务。在回家之前，因为图书馆10里面有多种的乐器供读者免费使用，他偶尔还会在专门供读者玩乐器的房间中拉拉小提琴才回家。这样的生活让他觉得不仅充实满足，也非常幸福。他想以后要是有了女朋友，图书馆10也是一个最好的约会地点。

喜爱音乐的安基列并不满足于聆听而已，周末的时候，他偶而会和他同样爱好音乐的朋友一起在图书馆10内制作自己的音乐或是开个小型的音乐会，因为图书馆10为他们提供了这样的机会。在馆内，有三间专业的录音室和剪辑室让年轻人自己创作音乐，还有小型的场地进行音乐演出。

有的时候，安基利还会把和朋友的讨论会议开在图书馆10，因为馆内有个可容纳10来人的小组工作室供读者使用。

安基列偶尔也会从图书馆借阅一些传统类型的书回家读，比如小说和传记之类。虽然图书馆10没有馆藏这些种类的书籍，但是可以通过在网上预约别的图书馆的书，然后在图书馆10中来取。对安基列来说，这样节约很多的时间。安基列对自己所在的城市有如此吸引人的图书馆感到非常自豪。只要有朋友来到赫尔辛基，他一定会带他到图书馆10去参观，因为图书馆10是完全对游客开放的。

安基列喜欢到图书馆10还有另外一个原因，就是他喜欢这里的图书管理人员。馆内一共有47位图书管理员，平均年龄在35岁以下，个个都有音乐或咨询专业背景、积极的工作态度，喜欢跟年轻人在一起，随时面对音乐或咨询专业的询问。他们充满专业热情，还为图书馆10作了一首主题曲，并且自己录音，希望能感染前来的年轻人。如果安基列在使用图书馆时遇到问题，随时会有图书管理人员面对面帮他解决问题。

“图书馆10真的就像无所不能的大百科全书。”安基列说，“它能帮你回答任何问题，而且不需要你自己去找答案。”原来，图书馆10中有一个信息加油站系统。这个系统把信息比作人的加油站。信息加油站的目的是让所有人都能平等地获取信息。

安基列说：“在这个信息社会，不是每个人都具有良好的信息搜索的能力，即使这个人非常熟悉电脑。图书馆10中的信息加油站通过各种途径帮助人们解决生活中的疑问，比如人们可以通过电话、网络甚至短信的形式来提问。”读者可以在图书馆 10 中的信息加油站系统中提问题。如果不会使用该系统，随时会有工作人员帮忙。另外，图书馆 10 还在商场、书店、地铁等公共空间中设置流动的外形像汽油桶的信息加油站，以方便人们查询信息。图书馆 10 还与广播电台每周合作一次，回答读者提出的问题。

一般来说，读者提出的问题，不管是什么，都会在两周之内得到回答。读者提的问题五花八门，非常有意思。比如有人问芬兰要造什么类型的核反应堆，也有人问在赫尔辛基哪里可以买到做蛋糕用的模型。这些问题都会一一得到详细的回答。如果工作人员回答不了你，也会给你作出解释。为了试试芬兰的信息加油站是否真的像它承诺的那样，在两周内回答一切问题，我在他们的网页上用英文提了一个问题，说自己想了解芬兰的教育如何让国民感觉到幸福的材料。结果，不到两个星期，我就收到了来自芬兰信息加油站的工作人员内容详尽的答复邮件。

八、发展快速的网络文学阅读学校

随着互联网的普及，芬兰政府也将互联网运用到了推动阅读方面。网络文学阅读学校目前在芬兰发展非常快，旨在提高芬兰学生的文学阅读能力。随着这个项目的不断壮大和扩展，未来会更好地提升大部分学生的阅读能力。

芬兰最早的学校是来自 1996 年埃斯波市的 Matilda 项目。该项目最初的意图是选拔那些对阅读有浓厚兴趣且有很大发展潜力的 7～12 岁女生进行进一步针对性教育。在对于该教育应该采用什么方式和策略上，有老师提出要把文学阅读、电脑运用、合作学习与个人发展结合起来。该建议正好与芬兰政府建设信息化社会发展的战略相符，因而得到教育部的大力支持。1997 年启动的 Matilda 获得巨大成功。有来自埃斯波市的六个学校的 32 名学生参加，有 4 位辅导老师。1998 年该项目推展到男生。之后也由小学教育扩展到其他层次。目前，如下表所示，网络文学阅读学校有五个项目。

芬兰网络文学阅读学校项目

项目	对象	准入条件	选择性
Tapiirin	学前和一至二年级	只要申请就会许可	无
Kumi-Tarzanin	三至四年级	许可	小
Maltildan	五至六年级	测试，不能偏科	大
Sinuhen	七至九年级	选修科目或阅读俱乐部可集体加入	无
Odysseian	高中	选修科目	无

其中 Tapiirin 针对学前班和一至二年级的学生，旨在从小培养孩子对文学的阅读兴趣，不具有选择性，只要申请就可以参加。Kumi-Tarzanin 招收三至四年级的学生，旨在进一步提高学生的阅读能力和阅读兴趣，上课方式更为正规，要求参加的学生具备一定的自制能力、阅读能力、电脑和网络能力，因此申请的学生要经过老师考察和批准才可以进入。Maltildan 针对五至六年级的学生，招收最为严格，不但要求学生有浓厚的兴趣，不能有偏科现象，还要经过测试。Sinuhen 和 Odysseian 则是对所有七至九年级学生和高中学校开放，学生可以作为选修课，也可以以阅读俱乐部的形式加入。Sinuhen 还能以班级的形式集体加入。

网络文学阅读学校在芬兰发展很快，到2004～2005年度，参加的老师和学生分别由1997～1998年度的4位和32位增加到100多位和2000多位。2007年开始，网络文学阅读学校在芬兰广泛发展，成为各地方政府资助的常规项目。

网络文学阅读学校以阅读小组的形式进行，每个小组一般由1名老师、10～15名来自3～4所不同学校的学生组成。小组有自己的网页，一般包括图书选择区、小组讨论区、公开讨论区、事件和提示、图书馆链接、网络杂志等。图书选择区规定每个小组成员每个月至少要读两本书。一本为必读，一般由学生自己商定；另一本自由选择。学生在阅读时要写读书笔记，然后与小组成员进行讨论。网页中一般还有个“走进作家”的栏目，学生在其中讨论某个作家的作品，有时还要请作家来参与讨论。在讨论过程中，老师也参与其中。不过老师的作用只是引导，讨论以学生为主。在指导学生阅读时，老师要采取个性化的形式单独辅导学生，偶尔才采用集体辅导。老师的作用主要是为学生提供指导和服务。除了引导学生讨论之外，还需要指导学生怎样适应网络环境，推荐或指定书籍，为学生的阅读笔记提供反馈和建议，组织或协调其他的活动等。除了网上讨论，阅读小组一般一年有4～8次的见面会。还会组织作家见面会、观看文艺表演、参观高科技或文化展览等。另外，为了增加小组成员之间以及和作家的交流，有的阅读小组还会采用网络视频的形式进行。

第十章

幸福教育助产士（教师培养）

一、幸福教育助产士

从前面的章节可以看出，芬兰的学生，无论是日托中心和学前班的学生、综合学校的学生、普通高中和职业高中的学生，还是成人教育中心的学生，都能够在学校中享有非常幸福的学习生活。各个阶段或层次的学生们享有幸福的学习生活，除了与政府的财政支持，以及完善的教育体制有关之外，与芬兰高素质的教师队伍密切相关。可以毫不夸张地说，芬兰的教师是芬兰幸福教育的助产士。

要教出深具幸福感的学生，教师首先要感觉到幸福。如果教师感觉不到幸福，不但不能全身心地投入到教学中，而且容易造成师生关系紧张。

中国人民大学公共管理学院组织与人力资源研究所和新浪教育频道在2005年组织了由9000名教师参与的“中国教师职业压力和心理健康调查”。调查结果显示，有34.60％的被调查教师反映压力非常大，有47.60％的被调查教师反映压力比较大，两者加起来占到了被调查教师的82.2％。而且教师压力大影响到了他们工作的状态和积极性：调查显示，有86％的被调查教师出现轻微的工作倦怠，有58.50％的被调查教师出现了中度的工作倦怠，有29％的被调查教师出现了比较严重的工作倦怠。也就是每10个被调查教师基本上有3个出现了比较严重的工作倦怠。另外，教师压力大还影响到了他们的心理健康：调查显示，有38.50％的被调查教师的心理健康状况不佳。因为中国的教师不但在精神上压力很大，还影响到工作的积极性，甚至造成了不小比例的心理疾病，所以他们很难称得上幸福。这个调查还显示中国教师对工作的满意度比较低。其中有64.40％的教师对工作的满意度比较低，只有15.40%的被调查教师的满意度比较高。

中国教师的压力大，工作满意度不高、缺乏幸福感，这主要是因为他们的工作时间长和工作压力大。虽然教师的工作劳动强度不大，但是劳动时间很长。大多数教师早上6点就得出门到学校，晚上6点才能回家。有时中午要值班，有时晚上要值班，有时星期日、节假日要补课。

另外，中国教师的不幸福还源于考核压力和竞争压力很大。对教师的评比和检查很多，让教师应接不暇。另外，班级中学生的考试成绩也给教师造成了很大的压力。学校的竞争就是学生的竞争，学生的竞争就是教师的竞争。教师的竞争很大程度上转化为分数的竞争。

相比较于中国的教师，芬兰的教师同仁却是非常幸福。他们的幸福来自上课时间短、休闲活动多，具有很大的成就感和教学中的自主性。

（一）上课时间短，休闲活动多

芬兰综合学校的教师每学年上学时间规定为190天，学校每天的上学时间短，一般是从上午8点到下午2点。在课后和假期中，都不存在教师为学生补课的现象。因此，芬兰的教师享有很多的休息时间。

芬兰普通中小学教师每年分别有两个半月的暑假和将近一个月的寒假，寒假被分割成三段，其中包括两周的圣诞节和一周的滑雪节。教师在休假期间，除了工资照发，还给予休假补助，补助金额根据教龄长短为月薪的40%～60%。教师们在假期主要的任务是休息，没有家访的习惯，目的是让师生们都能度过一个轻松愉快的假期。芬兰教师的主要度假方式为外出旅游观光、暑期进修、参加职业培训、开展对外学术交流、从事公益活动等。除了上述相对普遍的一些休假方式外，教师们假期可干的事情还很多。比方说在夏季到别墅休假，在平静的湖面钓鱼、泛舟和游泳，到林间山岗散步、打猎、滑雪和采摘野果、蘑菇。女教师们视打扫家庭卫生和美化家庭环境为己任；男教师们则把修理和油漆别墅看作乐事；上了岁数的老教师更愿意和第三代在一起，把自己的儿女解放出来干自己想干的事情；甚至有的教师去过一把“农夫瘾”。

拉达是一位在赫尔辛基市综合学校担任班主任的女教师，她的度假方式与众不同。每到暑假，酷爱植物和园艺的拉达老师都要到赫尔辛基市郊库姆普拉地区农田中去劳作。这一习惯她已经坚持了23年。拉达的农田虽然说只有10平方米，但是她总是精心地挑选种子。她喜欢看到农作物生长的过程和享受收获的快乐。她说，在农田里面的劳作其实跟她教书育人的工作是一样的，都不能着急，要慢慢地等待植物或学生的成长。

你别以为这块小田是拉达的，实际上这是赫尔辛基市提供给市民使用的。原来，赫尔辛基市政府从1960年代起在市郊库姆普拉地区辟出了面积为5公顷的农田，无偿给市民们夏季耕种，以丰富人们的假日生活。凡是愿意从事园艺活动的市民，均可得到10平方米的农田。市政府不仅无偿提供这些平整好的农田、灌溉用水以及种子、肥料，而且还免费供应一顿午餐，收获全部归己。每年有成百上千的人前来一显身手。拉达除了劳作之外，还当起市民的义务辅导员。她觉得其乐无穷。

（二）成就感巨大

在芬兰，对中学生来说，什么职业最热门？不是律师，不是医生，也不是公务员，而是教师。根据芬兰《赫尔辛基日报》报道显示，教师是芬兰学生心目中最向往的职业。

一般来说，各国大学中最热门的专业都是未来最赚钱的职业，可这点在芬兰却是个例外。在芬兰，教师的工资并不高。每月只有2000～4000欧元（约合人民币18592～37183元）的收入。在OECD的调查中发现芬兰教师的工资，不论是新进或资深，平均薪资都比发达国家和欧盟国家要低，甚至比不上国民生产总值比芬兰低的韩国和西班牙。芬兰教师的工资收入远远比不上医生和律师。

留着一把大胡子，在芬兰一所中学教物理已24年的史亚力屈指计算，他每月收入扣税之后，大约有2000多欧元，这个收入水平跟大学毕业生差不多。他笑说，家里两个小孩的育婴假都是他休的，因为太太赚的钱比他多很多。

不是因为芬兰教师的待遇高而特别受年轻人欢迎，那么，到底是什么原因吸引无数的优秀学生将教师作为自己的理想职业呢？这与芬兰教师崇高的社会地位和在工作中获得的巨大的满足感有关。

在芬兰，教师有着崇高的社会地位，令世界其他国家难以想象。芬兰普通中小学老师受敬重的程度甚至超过国家元首和大学教授。社会也赋予教师们相当高的期许和社会责任。难怪就连诺基亚董事长约玛·奥利拉（Jorma Ollila）都说："假如我不干现在的工作，我就去当教师。"

一项针对芬兰教师压力的调查研究发现，有80%的被调查教师，同意下面这两项陈述："教师工作是有成就感的，而且我是因为喜欢它才去做它"及"我坚守我现在的教师工作”。这说明绝大多数的教师都满意于自己的工作，并且坚守岗位。他们之所以满意教师工作是因为他们认为教师工作不但有良好的工作环境及很大的工作成就感，而且在工作场所里，也能够得到来自社会的正面积极的支持。史亚力说：“做教师不是为了钱，是因为我们真的相信这份工作对芬兰很重要。因为师资即国力，教师愈好，国家就愈强大。”正是因为在芬兰当教师非常具有成就感和来自他人以及社会的认同感，所以即使史亚力工资不高，他也觉得非常幸福。

（三）教师自主权：我的地盘听我的

芬兰政府也相对给教师和学校最大的教学自主权。只要学生能达到芬兰国家教育委员会制定的核心课程教学大纲的要求，其他如征聘师资、经营管理则由各校自治。举凡班级大小、课程内容、学生课表，甚至是每年上课几学期都由学校全权负责。至于要教什么、怎么教、用什么教科书，则由教师自由选择。教师自行制定出一整年的教学目标与教学方法，规划下一阶段的教学计划，自我总结自己最满意和最不满意的教学成绩，并且提出改进的方法。

维利-马蒂·哈如拉是芬兰首都赫尔辛基卡提拉综合学校三年级小学生的数学老师。为了给学生们提供一种更直观、更形象、印象更深刻的学习数学的方法，他将数学课程的上课地点放在了学校外面的林中空地上。虽然已经是春天了，但是依旧寒风刺骨。孩子们的学习热情一点都没有受这严寒的天气所影响。他们两两一组背对背坐着，一人用树枝、松果、石子、浆果等在雪地上摆出各种形状，然后用刚学到的几何词汇将摆出的形状描述给背对着的另一人听，后者则负责猜出对方描述的形状是什么。

另外，教师也可自行制订课程，或者根本不用教科书。

桑塔荷马是芬兰一所综合学校的法文老师，她是一位非常和蔼并深受学生喜爱的老师。她非常注意保护学生的自尊心和维护学生的学习兴趣。因此，她从来都不批评学生，她认为“批评会使学生尴尬，一尴尬就不想学习了。每个人都会犯错，这不要紧。学习一时没有进步或很缓慢，也很正常。我们要学生和自己以往的成绩相比，而不是和其他同学相比”。桑塔荷马的法文课并没有固定的教材，很多学习资料都是她自己准备的。她经常将最新的法国新闻简写后作为学生学习和阅读的教材。另外，她还将学生自己的作品作为大家学习的材料。比如，在课上，她会把同学们分成不同的小组。然后让小组中的一位成员准备一篇法文独白，描述自己的嗜好，讲给同组同学听。同组的同学则把同学的发言记录下来，大家一起来改正文法错误。桑塔荷马自己则在教室里从这一组走到那一组，帮助同学们纠正他们拿不准的文法错误。

受聘后，芬兰教师也不会像他们的中国同行一样受到定期的考察和测评。芬兰中小学并没有全国一致的联合考评，学校也很少有考试。芬兰官方也不进行教师评鉴。教育行政机构、学校和家长都充分信任教师。教师与教师之间并没有特级教师、优秀教师以及一般教师的区别。在芬兰人的观念中，在教师之间进行比较和评分，会造成教师与教师之间扭曲的竞争，反而不利于教师的自我成长和教学。被问到是否要考核教师表现，任职教委会长达30年的资深顾问劳卡南几乎动了气，反问：“为什么要评鉴教师?”他骄傲地说，“芬兰根本没有不好的教师，每个教师都很自律，不需要考评。”

不过，虽然芬兰不对教师进行竞争性的考评，但对教师的教学也有反馈。只是这个反馈的目的不是为了控制教师，而是为了使教师更好地提高自身的教学能力。教师有时会收到来自校方、家长或学生对教学的意见以及满意度数据，以帮助教师改善和提高自身的教学水平和教学方式。评估教师这种做法以及目的是跟评估学生的逻辑一致，是为了让教师更好地认识自己和发展自己。

正如拉普兰大学教育系附属实验学校校长瓦拉能所说的一样："我不需要去管教师，教师的教学如有任何问题，最后一定都会反映到我这里来。如果我们去管教师，所有的表面功夫，又有谁不会做呢？你要什么数据，人家就给什么。你一来，人家就做个标准模样给你看。可是那有意义吗？对学生有益处吗？对整体教育进展有帮助吗？"

二、高素质的教师

芬兰的教师之所以得到社会广泛的尊重、没有教师与教师之间竞争的压力、上课时间短，主要原因在于教师的素质很高。这使得教师能够在较短的上课时间中让学生掌握课程要求，除了部分有特别需求的学生之外，无需在课后和假期中给学生补课；同时也使得家长、学校以及学生都对教师很信任，完全放手让教师发挥创造性去培养学生。芬兰高素质的教师来自优秀的生源和严格的教师培养体系。

（一）寻找最合适的教师

芬兰大学教育学院的报考人数与录取人数的比例是所有科系中最高的，竞争非常激烈。每年只有13%的申请者被允许加入教师队伍。高中生毕业在申请就读师范学校时，除了要看其在校成绩，还必须通过一对一的面试和小组面试来测评学生能否被教导成为合格胜任的教师。

芬兰的教师都非常爱学习。芬兰教师爱学习出了名，大学暑期班开课，座中最多的是中小学教师。如果一个中小学教师干了几年就辞职，他多半是跑去念博士了。因为教师自己就是喜好学习并且擅长学习的人，所以他们才能教出世界上最优秀的学生。当然，也有一些教师后来进了企业，变身成为高薪人士。芬兰的大公司最喜欢聘请教师，理由是能当教师的年轻人一定是这个国家最顶尖的人才。现在，芬兰教育部长最头痛的是缺教师，好学的教师都跑去继续念博士，而芬兰企业也跟政府抢人。

通过这种方法挑选和培训出来的教师，已经让芬兰的教育水平傲然于世界。可是芬兰教育界对原有的教师挑选制度还不满意。因为研究发现，某些申请教育学系的考生，除了高考成绩很好之外，在面试时也会通过技巧得到通过，一些真正适合当教师的优秀人才却因为考试成绩或者面试被淘汰。那些高考成绩很好的学生，有可能是只知道背书答题或只会考试的书呆子，或者性格并不适合当教师。而且，因为女学生一般来说高考成绩比较好，导致当教师的人女性多于男性。学校中教师男女比例不平衡，这被认为不利于学生的成长。

2007 年，芬兰开始了教师招考制度改革。从 2008 年开始，芬兰的教育系招生不再看高考的成绩，以鼓励更多成绩中等的学生和男学生参加选拔。其程序为：先组织一项联合的会考，会考的目的是了解学生的理解能力与思想观念。考试的内容会先在网上公布，比如会列出几本书或者几篇文章，请考生读后再来参加考试。考试内容不再是一些标准化的题目，而是经过心理和性格研究者设计过，能测出是否具有跨学科常识，是否具有广泛阅读的能力，是否能够用文字清晰表达自我观点，以及教育与人际关系潜能的问答题。

通过会考的学生接着会进入第二关的心理测验。在心理测验中，会测试学生的性格是否适用于教师职业，学生的能力能否胜任未来的教学需求，以及在学校能否解决各种不同学生中的冲突问题等等。通过心理测验的学生就会进入第三关的面试。芬兰期望通过教学系学生招收体制的变革，以培养未来更能胜任教师职位的学生。这种深谋远虑的计划以及百尺竿头更进一步的精神，实在让人感慨和佩服。

（二）硕士是教师的基本学历

在综合学校进行改革之前，小学的教师和行政人员就认识到需要更加广泛性的教师教育。综合学校改革初期，教师可以参加有关综合学校的暑期课程，课程内容包括改革的社会影响和现在教法的挑战。其中关于讲授数学和外语的课程尤其受教师的欢迎。

当教育改革在1972年开始大规模实施的时候，教师在集体谈判中争取到每年三天的在职培训。议会的一项条令也规定教师在向新学制转变的前三年应该每年有两天的培训。这样，在转向新学制的前三年，教师每年有五天的培训。

但是很明显，仅仅是教师的在职培训很难保证综合学校改革的成功实施。新的学校需要受过更好训练的教师。因此，教师培训水平必须得到提高。这需要一个统一的新的教师培养体制来提升教师的职业能力。

实际上，在综合学校进行改革之前，政策制定者就意识到为了配合综合学校的改革，需要对教师培养体制进行相应的改革。1965 年，教育部成立了一个专门委员会来为教师培养体制改革作筹备。经过讨论，改革的指导方针达成了一致：

（1）所有的教师培养应该建立在大学入学考试的基础上。

（2）教育的培养至少需要三年并拿到学士学位。

（3）班级教师和科目教师必须在同样的机构中接受教育训练。

（4）所有教师的地位与他们所教的年级和科目以及学生的年龄无关。教师工资只是与他们的学历相关，与职位无关。

（5）教师更多的是建议者和学习的指导，而不仅仅是信息的传递者。

（6）增加学校教师培养的数量和质量。

（7）将检查教师是否适合这个职业。

（8）教师的学习必须包括基础学习、科目学习、教育方法学习和在学校中的培训。班级教师的科日学习要进一步分为基础和专业两个层次。

教师培养的教育改革很快得到实施。1968 年，根据大学入学考试成绩，教师开始了三年的学习。原来小学教师被给予机会参加获得学士文凭的学习和更新他们的教学知识、技能的学习。此时大学还没有开始成为教师培养的机构，教育培训是由全国的学院组织或以大学研讨班的形式进行。

1971 年，议会的一项法令形成了新的教师培养的组织。八所大学开始成立教师教育系，而其他的四所大学也有培训教师的附属组织。这样，全国多处地方都可以进行教师培养，这反映了 1970 年代的地区政策在于保证芬兰东部和北部农村教师的供给。

1974～1975年普通大学进行学历改革，涉及到教师培养内容的改变。根据政府委任的委员会的建议，硕士成为教师的基本学历。学历改革最后于1978年完成。新的教师培养计划从1979年开始。自1980年代中期开始，芬兰的基础教育开始由受过良好学术训练和培养的教师担任，这为芬兰高水平的教学表现打下了坚实的基础。

（三）教师好，教育才好

芬兰师资培育目标有二：一为重视人文主义理念，落实在个体与教育科学上，即师资培育学生的个人成长与教育的社会文化意义是与教师教育相互联结的，并促进师资生终身学习；二为重视学习能力，希望师培生透过实践教学理念的方式，使其得以发展自身观察、反省以及分析能力。

芬兰师资培育的特色可归纳为以下五点：

1. 强调互动、专业及社会的教师教育理念。

芬兰教师主要的教育理念为互动、专业及社会。互动指接受师资生的专业发展，是由共同工作文化、不同的行动方式以及学生辩论能力所支持。另外，互动也建立在伙伴关系的工作与行动的文化以及教师职业的发展中。专业指透过师资培育而成的教师必须拥有广泛专业知识。此专业乃建立在教育理念与教育学的思想、教师为研究的取向，即教师为研究的思考，以及个人的实践理论、持续进展与广泛的知识基础上。

2. 坚持质量，教师具硕士学历。

虽然芬兰师资培育理念认为广泛领域的学习比高水平资格重要，但即便是小学教师也必须拥有硕士学历。质量为芬兰教师训练最重要的诉求，因此只有具教育科学硕士学位或拥有教学学科资格的人才能成为教师。芬兰师资培育教育系以具备硕士学位为基础，因此学生须在大学接受两种学历学习。

3. 以研究为基础取向。

专业化思考以及教师身份建立的师资培育目标，透过以研究为基础取向的师资培育课程来达成。因此芬兰师资培育课程教学单元均与研究相互连接。学生必须持续修习研究方法课程，具有运用研究方法的整体能力。教师为实践研究者，必须进行硕士论文撰写，学生未来得以直接进入博士研究。

以研究为基础的师资培育应符合下列三项条件：

（1）教师具备其教学所属学科最近发展的研究的深度知识。此外，教师必须熟悉关于如何教与学部分的最新研究。学科及教学内容知识的研究为发展教学方法提供基础，以适应不同学习者的需求。

（2）教师教育自身应该为课题与研究的目标。此领域研究应该提供那些透过不同方式、不同文化脉络中所实施的教师教育获得更有效及高质量的知识。

（3）教师能将研究为导向的态度内化于工作中，即指教师在工作中能理性分析并保持开放态度，描述结论是基于观察与经验所得并透过系统方式发展教学环境。

4. 重视教师终身学习与专业能力发展。

在芬兰，教师专业在促进终身学习及为未来公民作准备，教师拥有高专业地位，也被视为终身学习者。芬兰期望教师能专精所长学科，能学习，能使学生成为终身学习者，能在自我、工作及学校中得以发展。因此，重视把教师团队发展为芬兰教育特色。为了不断提高教师专业素质和更新知识，各教育机构鼓励教师积极的自主学习和研究，免费为他们提供在职或留职停薪进修以及攻读学位。芬兰综合大学所设的教育学院，除了提供一般课程以外，还根据教育改革的需要，增设教育专业咨询服务。而大学和其他教育机构也提供教师的终身培训课程。

5. 持续进行师资培育评鉴机制。

师资培育的特色除了以研究为基础的取向外，持续进行国家及国际性评鉴也是其特色。如2001～2005年师资培育发展计划，即基于大学及技术学校的教师训练评鉴的调查结果与建议，提出对于教师初始与继续教育的展望。该计划的目标与议题为学生选择、教育研究、教育训练合作情形、教师与教师训练者的专业继续教育以及教师训练供给扩充的规定。在芬兰教师与教学皆须受到评鉴，大多数的学校自有一套包含年度发展讨论的质量制度。这些讨论有系统地评鉴历年目标达成成效及针对学校教职员工提出的来年目标与需求进行评估。

（四）没有教师被解雇过

在芬兰，学校有权解雇不胜任的教师，但这种事几乎没发生过。芬兰教师工会特别顾问利妲莎拉说："这主要是我们师范教育的要求非常之高，凡是考试及格者，都不会差到哪里去。"

1979年开始，芬兰教委会就规定，中小学教师属研究型学者，必须具备硕士学历，这几乎是全球最严苛的规定。师资教育从原本的三年，延长为五年。

赫尔辛基大学教育学院院长加里·拉冯宁认为："虽然

开展五年教师培训项目需要很大一笔开支，但非常值得。因为它能为芬兰培养出深受学生尊敬的教师。”其他国家的教育专家也注意到了芬兰五年教师培训项目的优势。纽约州立大学水牛城分校的丹·麦克艾萨克，是教师培训方面的专家。在芬兰考察了两个月后，他认为：“芬兰的教师在知识储备、教学方法上，比美国的教师更充分。美国式教育是把教师当作快递员，看重的是快递的速度，而不是物品本身的内容和质量。”

芬兰的教师培养体制非常注重教师的专业能力，要求教师必须具备三项能力：第一为学科知识与技能，教师必须能组织良好的学科知识架构，理解知识本质并知道如何获得新知并运用在学科方面；第二则是教学知识与技能，即教师须能针对教学进行计划、实施与评鉴教学—研究—学习活动（此即教学方法）并能够学习，同时激励学生能运用信息与通讯科技及媒体的知识于教育活动中；第三项能力则是合作、省思与脉络化的专业发展技能，也就是教师在自身的教学发展上，是与其他伙伴共同合作发展而成。

第十一章

幸福教育的性格基因

一、“傻人有傻福”的国民性格

芬兰的教育之所以成为各国学习和羡慕的对象，是因为它将幸福与高素质兼具一身，并能够通过让个人幸福的教育成就国家高度的竞争力。这让人禁不住要问，芬兰幸福教育成功的秘诀在哪里？

当芬兰在PISA中的骄人成绩吸引无数他国人士来芬兰参观学习的时候，同为北欧国家的丹麦、挪威、瑞典也来“取经”。当他们了解到芬兰的具体教育措施的时候，觉得很困惑，因为他们国家的做法和芬兰并没有根本上的差别，而且可以说得上非常相似，可是为什么芬兰的学生能够在PISA中取得如此好的成绩，而丹麦、挪威和瑞典的学生却不能呢？

为此，他们专门请教陪同参观访问的芬兰教育专家。得到的答复是，也许是因为我们国家人的性格不一样吧。芬兰人到底是什么样的性格呢？

北欧都是典型的福利国家，在国家政治、经济、文化、教育以及社会保障上都具有很大的相似性。自然气候条件也相似，都因为邻近北极而寒冷。可各自的国民性格却有着很大的差异。

在北欧有一种流行的说法：丹麦人洋里洋气，瑞典人傲里傲气，挪威人土里土气，芬兰人傻里傻气。北欧各国之间还流行着很多笑话，但最后要讽刺的一般就是那个不太自信、不善言辞、太诚信、太坚持，而且非常喜欢喝酒泡澡的芬兰人。可是让人嘲笑的芬兰人怎么会创造出让人如此幸福的教育和国家高度的竞争力？难道真的是“傻人有傻福”、“天公疼憨人”？实际上，正是芬兰人的谦虚上进（不太自信）、沉默务实（不善言辞）、诚信、坚忍不拔（太坚持）和非常会享受（非常喜欢喝酒泡澡）的国民性格成就了芬兰的幸福教育。

二、谦虚上进

芬兰简直可以称得上世界上最具谦虚精神的国家。虽然二战后芬兰的经济发展很快，但是在日益密切的国际经济地位竞争中，谦虚的芬兰人特别具有忧患意识。作为一个资源和人口都不丰富的小国，芬兰决定将自己国家的竞争力放在人力资源方面，不放弃任何一个人，让每个人都能够最大化地发展自我和提升工作能力，从而开启了让每个人幸福的教育改革之路。

即使是在他们国家的教育被国际社会广泛认可的情况下，芬兰人的谦虚态度依然让他们努力地向瑞典学习，并且不断地将教育改革向前推进。正是由于他们谦虚地不断改革自己的教育，才让今天的芬兰人，不论是幼儿还是老年人，都能够享受快乐学习和提升自我的幸福，并且让芬兰成为最具有经济竞争力的国家之一。下面我们就来看看芬兰人到底有多谦虚以及他们谦虚的历史原因。

Katja Pantzar 是赫尔辛基一家杂志的撰稿人兼编辑，他在 2008 年的一篇文章中写道："说到芬兰人几乎都具备的一个特点，那就是十分谦虚。芬兰人不爱炫耀所取得的成绩，甚至常常闭口不谈。或许你在一次聚餐会上整晚与某些人闲聊——后来居然发现他们是速降滑雪世界冠军、手机发明者，或许还取得过别的'不值一提'的成就。"

芬兰人传统上处事就非常低调。当你在芬兰称赞别人时，你得到的回答不会是美国式坦然的“谢谢”，而是中国式谦虚的“一般一般”。一位熟悉芬兰文化的朋友说，如果你去应聘芬兰的公司，一定不要像去应聘美国公司那样夸夸其谈，你要适当地谦虚一点。笔者见过一份2008年芬兰外商的投资指南，在这个指南中特意提醒芬兰的投资者“要了解自己的价值，但不要自满，谦虚为好”。

芬兰人这种谦虚的态度也形象地表现在他们首次得知芬兰在国际学生评估项目的结果的时候。2001年12月，经济合作与发展组织公布芬兰在国际评估项目中阅读获得第一的消息时，芬兰人的第一反应就是：“错了吧？不对不对，第二有可能，第一还差得远呢！”甚至有芬兰人向评委机构抱怨一定是评错了。

芬兰人谦虚的个性与芬兰过去长期被外族统治的历史也紧密相关。因为长期没有独立和自主权，加上频繁的战乱和低下的经济状况，芬兰人实在难以有骄傲和张扬的资本。

根据考古资料，公元前6000年，人类已经在芬兰生存繁衍。12世纪前，芬兰仍然处于原始公社阶段，并没有任何国际的政治组织，在政治和宗教上都比较闭塞。芬兰人主要从事原始的农业、渔业和狩猎业，过着自给自足的生活。1155年，瑞典的传教士首次来到芬兰传教，同时芬兰成为瑞典王国的一部分。在1554年到1809年的250多年间，芬兰沦为瑞典和沙俄为争夺霸权而交锋的战场。1809年之后，芬兰开始被沙俄统治。1917年12月6日，芬兰趁俄国发生十月革命之际，正式宣告芬兰成为独立的共和国。至此，芬兰才彻底摆脱长达七个多世纪的异族统治。

虽然芬兰在1917年之后取得了独立的地位，但随后的道路也并不平坦和顺利。1932年，芬兰和苏联签订互不侵犯条约。在第二次世界大战期间，苏联以保障其西北边界和列宁格勒地区的安全为由，要求芬兰提供海军基地和交换一部分领土。这个要求遭到了芬兰政府的拒绝。1939 年 11 月 26 日，苏联宣布芬兰军队在其边境采取挑衅行为，并单方面废除互不侵犯条约，断绝两国的外交关系。11 月 30 日，苏联海陆空联合向芬兰发动全线攻击，爆发了芬兰历史上被称为“冬战”的苏芬战争。经过 105 天的战斗，芬兰战败，并于 1940 年 3 月 12 日签订了《莫斯科和约》。芬兰被迫将 12%的国土割让给苏联。此外，芬兰还将汉科半岛租给苏联作为海军基地，租期 30 年（该半岛实际上 1956 年被收回）。从 1941 年到 1944 年芬兰和苏联之间再次发生被称为“续战”的苏芬战争，并再次以芬兰失败告终。1947 年 2 月 6 日，芬兰作为战败国与苏联等国签订了割地和赔款的《巴黎条约》。被割让给苏联的国土上，有着超过 42 万的芬兰人需要政府进行重新安置。此外，芬兰政府还付出 4.4 亿多芬兰马克（约合 5.72 亿美元）的巨额战争赔款。这个战争赔款的数目大概相当于当时芬兰 GDP 的 7%。当时芬兰的经济结构仍然是以农业为主。1950 年芬兰的经济结构，大致和 1910 年的瑞典相当。因此，芬兰从遥远的古代一直到第二次世界大战之后的漫漫长河中，一直是一个经济低下，没什么底气的国家。

三、沉默务实

沉默和不善言辞的芬兰人形象在欧洲特别有名。我们一般认为欧洲人都会比较开放和外向，可芬兰人却是一个例外。芬兰人个性沉默，却都很务实。与美国人喜欢花时间夸夸其谈其教育理想相比，芬兰人更喜欢用实际行动来实现他们理想中的教育目标；正是由于芬兰人沉默务实的个性，在教育改革的路途中，他们更为深谋远虑并且脚踏实地地一步一步去完成改革；正是由于芬兰人沉默务实的个性，他们的教育除了教给学生理论知识之外，还非常注重动手能力的培养；正是由于芬兰人沉默的个性，他们将教育看作一件很严肃的事情；正是由于芬兰人沉默的个性，他们的学生和国民都很注重内在修养并喜欢享受阅读的幸福。

芬兰全国大部分地区属亚寒带大陆性气候，年平均气温为0.4～5摄氏度，有着长达五六个月的冬季，并且冬天的黑夜还特别长。以位于芬兰中部的奥鲁省（Oulu）为例，早上9点才天亮，下午3点就天黑了。其中黑夜长达18小时，而白昼却不过6小时的时间。

芬兰是一个非常寒冷的国家。芬兰有多冷？曾有人这样幽默地解读芬兰的天气：

15℃——西班牙人穿大衣、戴手套，芬兰人户外日光浴；

10℃——法国人开暖气，芬兰人在花园种花；

5℃——意大利人发动不着车子，芬兰人开着敞篷车游街；

−5℃——加州人冻坏了，芬兰人户外烤肉；

−10℃——英国人开暖气，芬兰人开始穿长袖；

−50℃——北极熊撤离北极，芬兰军队延后冬季野外求生训练，等待真正的冬天到来；

−183℃——食物中的微生物死亡，芬兰人抱怨老农的手太冰；

−273℃——原子停止运动，芬兰人终于说："我的天，外面好冷。"

一般来说，自然气候使地球上不同区域的人们形成了不同的性格。比如生活在热带地区的人的性格一般比较活泼和外向，这是由于人们在室外活动的时间比较多。居住在寒冷地带的人，因为室外活动不多，大部分时间在一个不太大的空间里与别人朝夕相处，比较容易控制自己的情绪，具有较强的耐心和忍耐力，并且性格相对比较内向。比如生活在北极圈内的因纽特人，被人们称为世界上“永不发怒的人”。居住在温暖宜人水乡的人们，因为气候湿润，风景秀丽，人们对周围事物敏感，且多情善感，机智敏捷。山区居民，因为山高地广，人烟稀少，开门见山，长久生活在这种环境中，便养成了说话声音宏亮的习惯，诚实直爽的性格。成日住在广阔的草原上的牧民，因为草原茫茫，交通不便，气候恶劣，风沙很大，所以，他们常常骑马奔驰，尽情地舒展自己，性格变得豪放直爽，热情好客。

芬兰寒冷的气候和漫长的黑夜使芬兰人形成了沉静内敛、温和腼腆、耐心和善的性格。因为芬兰人不喜欢说话的个性，有人称其为“沉默的国度”。芬兰人有一句谚语：“如果你没有什么重要的事情要说，最好闭上你的嘴。”因为在芬兰人的眼中，一个没完没了总在说话的人没有思想，他所说的一切就是为了说。有意思的是，美国一家机构曾做过全球“表情调查”，芬兰人被认为是世界上表情最僵硬的人。

几乎所有人刚来芬兰的时候，都会觉得芬兰人比较冷漠。他们很少主动交谈，即使和你交谈，话也不多，常常使对话陷入尴尬境地，甚至会给人以高傲的印象。德国诗人布雷希德曾于 1940 年间在芬兰流放了 13 个月。他用“一个用两种语言沉默的民族”的句子来形容芬兰人。这句话也从此成为芬兰的谚语。实际上，芬兰人这种态度确实不是冷漠，而是地地道道的羞涩，而且不分男女。他们往往在聊天时不敢长时间和你对视，如果有稍显熟络的话语或举动，即使是个 30 多岁的男人也有可能脸红。

如果你在芬兰坐车旅行，就能够深刻体会到芬兰人的沉默。在百无聊赖的旅途中，芬兰的火车或是电车简直就是死一般寂静的地方。即使当整个车厢都塞满人时也一样。旅客们一动不动地坐着。他们遥望窗外，视线绝对不和对面的人交汇，车厢中也没有人开口说话。当有人要下车时，只要半转身子，对邻座的人稍微望一下，旁边的人马上就能够理解并立即起身让开。在芬兰的火车上，从陌生人那里投来眼光简直是不可思议的。

芬兰人沉默的性格也突出地表现在芬兰著名导演雅基·考利斯马基的电影中。他是芬兰最有名的电影导演，以“芬兰三部曲”——《浮云逝事》、《没有过去的男人》、《薄暮之光》扬名国际。“芬兰三部曲”里的冷调、黑暗，呈现的就是快乐与忧郁、希望与绝望并存的双面芬兰。在他的电影里，有时突如其来的静默可以长达 20 分钟。主角保持缄默，一直等到最后的几句结束语才打破沉寂。情侣们互相依偎着，整天除了在一起不停地猛灌咖啡外，少有互相交谈的沟通。

这里的人即使是熟人见面，也不怎么打招呼，更别说聊天了。一位美国的语言学家曾开玩笑说，世界上最容易学习的语言就是芬兰语了，因为芬兰人几乎不怎么说话。

和熟人朋友交谈，芬兰人更喜欢用打电话而不是面对面聊天的方式进行，因此芬兰是世界上手机普及率最高的国家。但芬兰人即使打电话，声音也非常低。有个笑话说，一个初到芬兰的人来到大街上，他发现许多人都用手捂住半边脸，而且表情忧伤。他就奇怪，芬兰“怎么会有那么多人牙痛?”再仔细一看，才发现他们的手并非因为牙痛而捂住脸颊，而是握着移动电话在聊天。

一位到芬兰学习的中国留学生曾经亲自体会到了芬兰人的沉默。有一次，他去朋友家做客，除了一个女孩的丈夫是芬兰人，其余都是中国人。这位芬兰男人进门问候时只是点头微笑，只字不吐，席间更是默默吃饭，丝毫不参与他们苦心用英语经营的聊天中。出于礼貌，这位中国留学生对这位芬兰先生说：“你妻子的头发很漂亮呀!”结果这位芬兰先生仍然保持亘古不变的礼貌微笑看着他，没有说一个字，连头都没有点一下。这位中国留学生一头冷汗地溜到厨房跟主人说：“你说他很 shy（害羞），可这也太 shy（害羞）了吧!”

作为一位中国少数民族的土著医生，在青海大学附属医院工作的李得春曾到芬兰留学一年。在芬兰留学期间，他对芬兰人不爱讲话和沉默的个性百思不得其解，为此他专门向他的芬兰朋友讨教。朋友告诉他：“不多讲话或讲话声音低是父母在我们很小的时候教给我们的，父母亲教育孩子，多说话是不礼貌的。”

看来，芬兰人沉默的个性已经成为传统的一部分了。这一点倒是与尊崇“言多必失”的古代中国人不谋而合。中国人的个性和芬兰人的个性有不少相同的地方。欧芬力是一个充满阳光、动感十足的芬兰男生，就读于中国人民大学对外语言文化学院，他脸上总是带着芬兰人典型的友善而略带羞涩的笑容。2008 年他在接受《人民日报》采访时告诉记者，说自己特别崇尚孔孟的“中庸之道”。

不光中国人对芬兰人沉默安静的个性感到好奇，来到中国的芬兰人也强烈感受到了两国自然环境和人民个性的反差。2010年5月21日，中国芬兰建筑师论坛暨芬兰建筑作品展在天津大学举行。会上，芬兰赫尔辛基城市文化办公室国际文化中心信息官员 Martta Leea Loukari 做了个发言。她说："在我没有来到天津之前，从我在芬兰的公寓能够看到一片安静的景象，有很多鸟儿从我的窗前飞过。但我来到中国之后，早晨就没有像在芬兰时的宁静感觉。我所感受的只是一些喧闹的生活以及交通所带来的嘈杂声。也许我们从早晨感受的这一点，可以看出中国和现在的芬兰所经历的不同。芬兰这个国家更多地体现出一种自然简单以及宁静的感觉。我们在中国所感受的只是到处都是人，到处都是喧闹，以及更多的人和事物……如果芬兰人需要去娱乐或者需要放松，他们一般选择到森林那样的地方去；而中国人如果想娱乐，通常会带上家人或者带上朋友，去过一种社交化的生活。"

四、诚信廉洁

芬兰人，从公务员到普通民众，都非常诚信，以至于诚信到会给人太较真和不懂变通的刻板印象。可就是芬兰人诚信的个性特征与芬兰能够实现幸福教育的目标息息相关。正是由于芬兰人的诚信，在教育改革中，公务员和教师们才对政府和议会制定的教育改革法案和政策都积极地去实行，而不会出现上有政策下有对策的情况，确保了他们教育改革的成功；正是由于芬兰人的诚信，家长、学校以及教育行政部门都相信老师，并给予老师足够大的教育自主权；正是由于芬兰人的诚信，老师才充分相信学生的自我评价和自我管理的能力。

对于芬兰人的诚信，虽说芬兰人觉得很自然，却常常让从异国他乡来的人们感到非常惊讶甚至难以置信。一位曾在芬兰留学的人士曾经谈到，芬兰公务员在接受考核时，会在考卷后面附上答案。考生会严格按照考试规定，在前两个小时做题，后10分钟则对照答案。如果考生自己评估之后发现没有通过的话，就要自觉补习、补考，直到通过为止。这位留学人士非常惊讶于这种附有答案的考核方式。难道考核方真的不怕考生去看了答案再作答吗？难道考生真的能够在答题时忍住不去看考卷后面的答案吗？当得知真的没有人先看答案而作弊时，这位留学人士简直对芬兰人的诚信佩服得五体投地。

芬兰人的诚信还体现在一些日常生活之中。在芬兰的超市买东西，没有工作人员来称顾客买好的东西，需要顾客自己去称重并打价格条码。他们具体的做法是给每个需要称重的商品一个编号，顾客选好所需商品的数量时，就去称重，只需要按下该商品的编号，价格条码就自动出来，然后顾客再把这个价格条码贴到商品上去收银台付款。一位刚到芬兰工作的中国女孩就曾经对这个无人监管的秤嘀咕：“难道超市不怕别人买了价高的东西但是在打印价格条码时却选择价格便宜的商品种类吗?”芬兰人对于别人的信任度相当高，这是一种多么可贵难得的社会资本。这位在芬兰工作的中国女孩对于芬兰人为何这般诚信一直百思不得其解。直到有一天她和她朋友聊天时才揭开了这个谜底。她朋友是一位清洁工，当他们谈到这位清洁工朋友的工作内容时，这位中国女孩对于清洁工的工钱如何计算非常感兴趣。原来芬兰的清洁工按小时计算工资，但一旦在酒吧之类场所遇到有醉汉呕吐物、大小便或者血渍等需要清洁时，就会有额外的收入。因为对于这样的清理，清洁工需要花费更多时间。清洁工需要把清理这些地方的数量标示在清洁表上，公司根据此记录额外付工钱。听完这种支付方式，这位中国女孩好奇地问："你自己标注数量？你不需要照照片或者证明人来证明你到底清扫了多少？"清洁工朋友答道："不用，凭自觉。""可是这也太容易欺骗公司了啊，这不是清洁工想写多少就写多少？"这位中国女孩继续追问。这位清洁工朋友笑笑说："不会的，你不是唯一给这个酒吧清洁的清洁工，酒吧老板也不是第一天经营酒吧。他每个月在清洁一项的支出是固定的，相差个百把欧元的不算什么。但是如果每次一到你清洁，他的支出就高出其他清洁工很多，不用多久，半年吧，他就明白你是什么人了，同时你也就失业了，而且你很难再找到工作了，因为你丢了诚信！"原来在芬兰，做人诚信不仅关乎个人的道德观念，还与个人的工作前程息息相关。

更让人惊奇的是，在芬兰，即使入狱的犯人，也表现出不俗的诚信。芬兰的监狱既没有大门和围墙，也没有武装警卫。

芬兰人整体都非常诚信，公务员的廉洁水平更是非常之高。从 2001 年到 2007 年，芬兰有 6 年被透明国际评为最为廉洁的国家。这个结果颇让俄罗斯人不服，因为他们国家在透明国际的排名中腐败程度不断上升。实际上，俄罗斯的腐败在国际社会中都臭名昭著。曾有一个留学俄罗斯的朋友告诉我说，俄罗斯的大学教授甚至都要向学生索贿，腐败可以说已经渗入到了俄罗斯的每个角落，以至于有俄罗斯的官员把腐败的定义限定在一个很狭窄的范围之内。曾任俄罗斯内务部部长的卢夏罗曾针对"70%的俄罗斯政府官员都是腐败的"这个说法给以回应。他说："只有那些和有组织犯罪团伙有勾结的政府官员才可以认定是腐败的官员，请不要错把受贿和腐败等同起来。”

一位不服气的好事的俄罗斯记者想要亲身实验芬兰被称为最为廉洁的国家是否名副其实。在和芬兰警方事先打了招呼之后，他决定在芬兰“以身试法”。这位记者在俄罗斯《论据与事实》周报（2008 年 7 月 30 日）上撰写了他的经历：

我刚超速 10 公里，就被警察拦住。出示证件，下车，酒精测试，在完成例行的一套程序后，他毫不同情地说，我必须跟他走一趟。我立即小声地说：“1000 欧元，就现在，然后我们各奔东西。”他脸色变了，吃惊地问：“1000 欧元？”“对，没人知道，这相当于您一半的工资，不是吗？”接下来的对话是在警察局进行的。由于我是外国人，他没好意思给我戴手铐，但笔录少不了。幸亏上级及时打来电话，解释这是《论据与事实》周报与芬兰警方联合进行的一个实验。那位警察向我道歉，送我到门口时他问：“您真的以为我会收钱吗？我可不是白痴，拿自己的工作冒险。拿钱后我可能就要去大街上扫雪了，也许连扫雪都不让我做……”连着一个星期，我在芬兰数个城市做着俄罗斯司空见惯的事：向交警行贿。实验都以我的失败告终：所有警察都拒绝受贿。

做了这个实验之后，这位俄罗斯记者不得不服了。看来，最为廉洁的芬兰可不是浪得虚名。

芬兰公务员的诚信和廉洁，在外国人看来，似乎还有些傻里傻气和不知变通。对芬兰的公务员来说，收礼和吃请绝对是天大的事，必须非常谨慎。芬兰的公务员进入政府工作后的第一件事，就是要赶快向有经验的公务员请教，到底界限在哪里，以免误触法网。老公务员会告诉他们，一般的经验是：可以喝一杯啤酒，或者吃一个三明治，但如果不小心喝了别人的葡萄酒，那么分分钟都可能出问题。芬兰的法律规定公务员不能接受价值较高的礼品，而他们对价值较高还有细化的定义：根据物价指数调整，一般在25美元（20欧元）左右。

曾经有一位从中国到芬兰的赫尔辛基工业大学进行短暂学术交流的人士，在芬兰学习和交流期间，得到赫尔辛基市贸易工业局局长很多的关心和帮助。学术交流活动结束的前一天，他打算宴请这位工业局局长以表谢意。这位工业局局长欣然答应。到了约定的时间，这位局长先生骑着自行车来了，这让这位要请客的中国人感到很意外。原来芬兰对公务用车的管理很严，在芬兰中央政府公务员系统中，除总统外，只有总理、外交部长、内务部长和国防部长4个人享有固定的专用公车待遇。而在赫尔辛基市，只有市长一人享受这一待遇，且只能在上班时间使用。其他公务员用车需事先向政府办公部门申请并讲明去向，政府有专门的监控中心，随时可以掌握公车行踪，一旦发现有人公车私用，此人将会遭到严惩。

更有意思的是，吃饭的时候，这位局长先生只要了一杯啤酒。而且每上一道菜，他都要仔细地询问价格，价格太高的他坚决不吃。宴请结束，这位从中国来的人士诚挚地邀请局长先生到中国考察，没想到这位先生面露难色。他说：“我们的办公费用来自市民的税款，我们必须对纳税人负责，出国考察经费没有被列入预算，我需要自己筹够了钱才能去。”

五、坚忍不拔

芬兰人沉默、谦虚和诚信的性格给人印象非常深刻，有一个芬兰词“Sisu”更能真正体现芬兰人最本真的性格。“Sisu”用来形容工作认真、拥有决心及毅力的人。在有很多芬兰人参加的体育比赛中，经常可以听到这个词。“Sisu”可能是很多外国人知道的第一个芬兰语单词，这个词体现了芬兰人骨子里的意念。芬兰人在面对挑战的时候，总是用“Sisu”来给自己打气，鼓励自己勇敢面对挑战，就像我们中国人喜欢用“加油”来为自己和别人打气一样。

芬兰人这种坚忍不拔的精神也体现在他们走向幸福改革的路途中。要在全国范围内实现教育平等的目标，因为涉及到方方面面的利益，改革复杂而艰难。但是芬兰人将“Sisu”精神用在了教育改革中，稳稳当当、扎扎实实往前走，并最终打造了令世人羡慕的幸福教育之路。芬兰人坚忍不拔的“Sisu”精神从遥远的古代一直延续到今天，可以说是芬兰高度竞争力背后的精神支柱和宝贵的文化遗产。

6000多年前，芬兰人凭借着“Sisu”的精神来到这片寒冷的土地上进行开发、猎熊，在封冻的海峡里驾驶破冰船。也是凭借着这个精神，在长达七个世纪的时间中，芬兰与瑞典和俄国顽强斗争并取得独立。也正是凭着这种精神，芬兰才能够以一个小国的力量，在二战时不屈不挠地保卫自己国家和民族的主权。值得一提的是，芬兰是二战时唯一一个没有失去主权的欧洲国家。正是凭着这种精神，二战后为了偿还战债的芬兰人任劳任怨，在短短七年时间里就完全还清。芬兰人至今还会打趣自己的国家和人民怎么会这么老实，而没有想过要赖账呢，因为赖账的情况在其他的战败国非常普遍。

诺基亚的首席执行官 Jorma Ollila 在接受记者采访时，曾说过："转变是一个过程，这个过程需要很大的勇气、耐心和决心。在这个过程中我们芬兰人会用'Sisu'来战胜一切困难。"

在芬兰，有一个"Sisu"命名的著名卡车品牌。这个卡车品牌在1931年建厂，总部位于芬兰卡尔加。由于芬兰靠近北极，国内路况复杂，Sisu 卡车非常注重在较差路况条件下的性能，因此 Sisu 卡车越野性能很好。Sisu 卡车又被称为"极地卡车"。在林业和造纸业发达的芬兰，每三辆运木材的卡车中就有一辆是 Sisu。另外，由于 Sisu 卡车的杰出越野性能，它成为芬兰国防军的第一选择。可以说，Sisu 卡车很好地代表了芬兰人的这种不怕困难、适应性强，看似笨拙、实则灵活的芬兰民族精神。

六、享受生活

芬兰人其实还是一个很会享受的民族。正是由于芬兰人会享受，所以他们将教育也当作一种幸福的享受，而不像亚洲国家那样崇尚苦读的教育；正是由于芬兰人会享受，所以他们给学生们的知识不但有用，还要学生们能够学得有趣，学得轻松；正是由于芬兰人会享受，他们设计的制度能够让教师们也把教育当作一种享受。

沉默、坚持，甚至显得冷漠、傻里傻气的芬兰人很容易给人不好打交道的印象。可有时，你认识的这些沉默的芬兰人可能突然变得话多和热情起来。对于这种鲜明的对比，如果你不明原因的话，很可能非常困惑。原来，芬兰人喝酒之前和喝酒之后就会呈现出冷漠和热情这样两个极端的个性来。难怪有人说，喝酒之前的芬兰人不正常，喝酒之后的芬兰人才正常。也有人说，在芬兰，如果走在路上有人来和你啰嗦，千万别理他，那一定是酒鬼。

一位从中国到芬兰的留学生讲述了他的房东态度在喝酒前后的反差：

第一次见面时完全没有话说。我问一句她答一句，也不看我。当时我想，这老太太好冷淡啊。第二次我搬家，到楼下时，她穿着小红拖鞋迎接我，见到我就一个大熊抱。然后热情地带我上楼，接着给我一件件介绍她的家具电器，怕我不会用。之后就开始聊天，确切地说是她说我听着。从她第一个老公说到她的孙子，从她在南非买的大象地毯说到打算去给她女婿买马克杯，整整说了两个小时，最后热情邀请我跟她一起去买马克杯。我心想这位奶奶今天是怎么了，直到后来，我在厨房的小桌上发现了半杯没喝完的红酒才恍然大悟。

芬兰人爱喝啤酒，芬兰女人尤其爱酒，可以说无酒不欢。芬兰人上班不喝酒，下班后酒吧里、马路上到处都可以见到喝酒的人。尤其是到了周五，年轻的男男女女都会成打成打地从超市里买酒喝。

据 2004 年芬兰通讯社报道，芬兰全国每 5 个人中就有一个人酗酒。早在 1960 年代，芬兰全国人均纯酒精的年消耗量仅为 2～3 升，但到了 2002 年，这一数字已上升到 9.3 升。因此，在欧洲人心目中，芬兰人大半是酒鬼。调侃芬兰人的笑话，都绕着酒精打转。芬兰人喝酒只是为了要喝醉。芬兰警察的主要工作之一，就是把醉倒在电车上的民众扛下来。

芬兰政府曾经以官方专卖并课征全世界最重的 87％烈酒税，来加重酗酒的成本。近年来，芬兰遵守欧盟规定，降了

44%的烈酒税，酗酒的问题进一步恶化。据芬兰福利与健康部2006年统计，酒精伤害首次超越心脏病，成为芬兰成年男性的头号杀手；也有10.5%的成年女性死于酒精，危害不亚于乳癌。

芬兰人对酒的喜好，主要还是与其寒冷的气候有关。因为芬兰所处的位置太寒冷了，芬兰人大部分时间都会待在室内，交流比较少。加上芬兰人非常不善于言辞和比较害羞，所以喝酒成为温暖身体和解除寂寞的方式。难怪托瓦兹在其自传《只为快乐》中解释道，你只要在芬兰待上一个冬天，就会理解芬兰人为何嗜酒如命。

除了爱喝酒之外，芬兰人还很会享受生活。芬兰人认为休闲和工作一样重要，甚至比工作更重要。芬兰人不加班，商店和超市周日不开门。芬兰人不会为了多赚钱而拖延自己的工作时间。普通的工薪阶层，一年有6周的带薪年假。

另外，芬兰人还非常喜欢桑拿。芬兰一家造币厂进行民调，询问什么最能代表芬兰，以便今后推出新的钱币或纪念币时，能有新的造型。结果调查显示，绝大多数芬兰人认为，芬兰浴最能代表芬兰，其次依序是芬兰史诗和芬兰交响乐。桑拿是芬兰人的基本生活内容，几乎每个家庭和单位都建有桑拿浴室。芬兰人从呱呱落地起，终其一生都离不开桑拿。芬兰全国总人口为500多万，而全国各地各种形式的桑拿设施却不少于160万，也就是说平均每3个多人就有一个桑拿房。对于这一点，没有到过芬兰的人，也许难以想象。而到了芬兰，就会真正理解“有人活动的地方就有桑拿”这句话了。桑拿习俗源自芬兰，后来世界各地也将此享受引入自己的国家。

参考文献

1. 陈淑琴：《芬兰的学前教育》，《幼改家（电子报）》，中国民国幼儿教育改革研究会，第 58 期，2006 年 12 月 1 日。

2. 欧姿秀：《教保广角镜：芬兰的幼托发展》，《幼改家（电子报）》，中国民国幼儿教育改革研究会，第 67 期，2007 年 4 月 16 日。

3. Early Childhood Education and Care in Finland, Ministry of Social Affairs and Health, Helsiki, Finland 2004.

4. 石春玉：《芬兰的教育成功之路及对我国教育改革的启示》，山东师范大学硕士论文，2005 年。

5. 陈洪涛、陈丽桦：《芬兰学生的高阅读能力从何而来》，《基础教育参考》，2008 年 2 月。

6. 萧富元等著：《芬兰教育世界第一的秘密》，台北市：天下杂志，2008 年 1 月。

7. Iikka Taipale 主编，洪兰译：《芬兰的 100 个社会创新》，台北：天下杂志，2008 年 12 月。

8. 王悦芳：《虚拟文校：芬兰在文学阅读课上的创新》，《外国中小学教育》，2009 年第 9 期。

9. 吴祥辉：《芬兰惊艳全球成长竞争力第一名的故事》，台北市：远流出版事业股份有限公司，2006年。

10. 陈照雄：《芬兰教育制度培育高品质之国民，建立平等、安全、福利之社会》，台北市：心理出版股份有限公司，2007年。

11. 陈之华：《芬兰教育全球第一的秘密》，中国青年出版社，2010年5月第2版。

12. 陈之华：《芬兰教育给教师和父母的45堂必修课》，中国青年出版社，2010年5月第1版。

13. 王平贞、赵俊杰：《芬兰》，社会科学文献出版社，2008年。

14. 岑玉珍：《芬兰印象——改革开放30周年留学芬兰文集》，中国社会科学出版社，2009年。

15. 陈洁：《国家创新体系架构与运行机制研究——芬兰的启示与借鉴》，上海交通大学出版社，2010年。

16. 芬兰政府法令：《基础教育法案》(Basic Education Act) 628/1998。

17. 芬兰政府法令：《2004年基础教育国家核心课程大纲》(National Core Curriculum of Basic Education2004)。

18. 芬兰政府法令：《2003年高中国家核心课程大纲》(National Core Curriculum of Upper Secondary Schools 2003)。

19. 驻芬兰教育组：《芬兰教育注重动手与实践》，《教学设备与实验》，2010年第3期。

20. 何晓娜：《芬兰中小学个性化教育研究》，东北师范大学2004届硕士论文。

21. 沈佳乐：《均衡与融合：高中段普通教育和职业教育的发展趋势——芬兰高中教育的经验与启示》，《职业技术教育》，2010 年第 25 期第 31 卷，总第 623 期。

22. 曹大辉：《20 世纪 90 年代以来芬兰中等职业教育改革研究》，2007 年西南师范大学硕士学位论文。

23. 吴秀杰：《芬兰成人职业教育培训》，《教育研究》，2007 年 1 月。

24. 姜大源：《职业资格、经费投入和能力评价——芬兰职业教育的改革现状》，《职教论坛》，2002 年第 21 期。

25. 彭伟强、叶维权：《芬兰开放大学及其启示》，《中国远程教育》，2001 年 7 月。

26. 魏曼伊：《芬兰小学师资培育课程规划之探究》，教育数据集刊第四十一辑——2009 各国初等教育（含幼儿教育）。

27. 谌启标：《芬兰教师教育大学化的传统与变革》，《外国中小学教育》，2007 年 3 月。